저절로
**공부가
된다**

저절로
공부가
된다

쓰카모토 료 지음 | 윤은혜 옮김

알키

케임브리지 심리학 × 개인적인 체험
= 저절로 지속되는 노력

　'노력'이라는 단어를 들으면 사람들은 가장 먼저 어떤 이미지를 떠올릴까? 반사적으로 한숨부터 내쉬면서 마음이 답답해지는 이가 대부분이지 않을까? 외면하고 싶던 것을 바로 코앞에서 맞닥뜨린 기분이 들지도 모르겠다.

　"좀 더 노력해봐."
　"노력이 부족해서 그런 거야."

　부모님으로부터, 선생님으로부터, 혹은 직장 상사로부터 누구나 한 번쯤은 이런 말을 듣고 낙담했던 경험이 있을 것이다.

🔍 노력의 흐름을 끊는 악순환에서 벗어나라

나도 여느 사람들과 마찬가지로 노력이라는 것을 매우 싫어한다. '노력'이라는 단어만 들려도 도망치고 싶을 정도다. 하지만 배우고 싶은 무언가나 이루고 싶은 목표가 생기게 되면, 반드시 노력이 필요한 순간을 맞이하게 된다. 그때서야 '어차피 이렇게 된 것 열심히 노력해보자' 하면서 시도하면 십중팔구 잘 되지 않는다. 그러다 '나는 노력하는 것에는 소질이 없나봐' 또는 '이 정도도 못 해내다니 나는 쓸모없는 인간이야'와 같은 생각까지 하게 된다.

고교 시절의 내가 바로 그랬다. 그런 나 자신이 싫어서 바꾸려고 노력했지만 그 노력 역시 금방 실패로 돌아가 결국 자신감을 잃고 마는 악순환에 빠졌다. 그러는 사이 나는 좀 '노는' 친구들과 어울리면서 제멋대로 행동했고, 마침내 신문에 실릴 정도로 큰 싸움에 휘말려 학교로부터 정학과 자택 근신 처분을 받으며 나락으로 떨어졌다.

당시에는 공부를 못한다는 것이 아무렇지 않았다. 친구들 패거리와 어울리고 있으면 그것만으로도 즐거웠다. 하기 싫은 일은 하지 않으면 그만이었다. 그런데 휴대전화를 빼앗기고 친구들과 전혀 연락조차 할 수 없는 상황에 놓이게 되자, 그

때까지 내가 줄곧 외면해왔던 두려움이 점점 마음을 잠식하기 시작했다.

🔍 바꿀 수 있는 것과 바꿀 수 없는 것을 구별하라

근신 기간 동안 집에 머무르면서 나는 고독과 두려움으로부터 벗어나고자 만화책을 보거나 게임에 몰두했다. 그래도 나 자신으로부터 완전히 도망칠 수는 없었다. '이대로 아무것도 하지 않다가는 정말 끝장이지 않을까?' 이런 생각이 머릿속에서 떠나지 않았다.

그 전에도 막연하게나마 '계속 이렇게 살아도 괜찮을까?' 하는 불안감이 마음 한 구석에 숨어 있었다. 스스로도 지금 제대로 된 인생을 살고 있지 않다고 느끼고 있었다.

그럼에도 공부도 못하고 운동도 서툴고 예술적인 재능이 있는 것도 아닌 데다 무언가를 향해 꾸준히 노력하지도 못하는 '나'라는 현실과 대면하는 것이 무서웠다. 그래서 일단 친구들이 있는 곳에 내 자리를 만들어놓고 안심하고 있었던 것이다.

이 현실을 바꾸려면 어떻게 해야 할까? 스스로 납득할 수 있는 인간이 되려면 어떻게 해야 할까?

자택 근신이라는 고독 속에서 당시 고교생이었던 나는 나름 대로 생각하고 또 생각했다.

'자신이 원하는 인생을 살고 있는 사람'은 어떤 사람일까? 만약 그런 사람이 내 입장이라면 이 현실을 어떻게 인식하고, 어떻게 바꾸어갈까?

오랜 생각 끝에 나는 부모님께 유명한 경영인과 사상가의 책을 사달라고 부탁했다.

마쓰시타 고노스케松下幸之助(1894~1989. 작은 점포 점원으로 시작해 세계적 기업 파나소닉을 일궈낸 사업가로 '경영의 신'이라고 불린다-옮긴이)를 비롯한 유명 경영인의 책은 불량 고교생이 읽기에는 어울리지 않았지만, 당시의 나는 그만큼 절박했다. 여러 권의 책을 진지하게 읽어나가던 중 나는 다음 문장을 만났다.

"인간에게는 자신의 의지로 바꿀 수 있는 것과 바꿀 수 없는 것이 있다."

깊게 생각할 필요가 없을 정도로 당연한 말인데, 이 문장을 읽은 나는 눈이 번쩍 뜨였다.

그때까지 나는 무엇 하나 제대로 되는 것이 없다며 수많은 고민을 끌어안고 살았다. 고민 중에는 내가 아닌 다른 사람에 관한 것이나 이미 주어진 환경에 관한 것 등 내 힘으로는 바꿀 수 없는 것도 뒤섞여 있었다. 아무리 고민해도 어쩔 수 없는 것들 말이다.

그러나 나 자신의 행동이나 감정은 마음만 먹으면 지금 당장이라도 바꿀 수 있다. 그러니 우선은 내 힘으로 바꿀 수 있는 것과 없는 것을 구분하는 것부터 시작하면 되지 않을까 하는 생각이 들었다.

🔍몸이 저절로 움직이게 만들어라

내 힘으로 바꿀 수 없는 것은 어쩔 수 없지만, 나 자신은 바꿀 수 있다. 그럼, 어떻게 하면 나를 바꾸어갈 수 있을까? 가장 먼저 시도한 것은 공부였다.

당시 내가 다니던 고등학교는 우수한 학생들이 모인 학교가 아니었다. 고만고만한 성적의 학생들 사이에서도 내 성적은 바닥에 가까웠다. 아무 생각 없이 살아왔기에 공부를 해본 적이 없었던 것이다. 그럼에도 나 자신을 바꾸기 위해서라면 이제라도 공부를 해야겠다고 생각했다.

이왕이면 목표는 높이 잡는 편이 좋겠다 싶어, 일단 당시 살

고 있는 간사이 지역의 명문 대학 중 하나인 도시샤同志社 대학
교를 지망 학교로 정했다.

도시샤 대학교에 들어가려면 적어도 성적이 상위 10% 수준
은 되어야 하는데, 고등학교 3학년 봄 모의고사 시점에서 내
성적은 정반대인 하위 10%였다. 아무리 노력해도 무모한 도
전 정도로 끝날 것이 당연해 보였다.

실제로 진학 상담 시 선생님은 나의 지망 학교란을 보시며
"뭐, 하는 데까지 열심히 해봐"라는 의례적인 수준의 반응을
드러냈다.

이해하지 못할 것도 없었다. 수백, 수천 명의 학생들을 겪어
온 선생님의 입장에서 보면 노력이라고는 모르고 살아온 나
같은 학생이 단기간에 엄청난 수준으로 성적을 끌어올릴 것이
라고는 예상하기 힘들었을 것이다.

그러나 결론부터 말하자면, 나는 '노력이 싫었기' 때문에 도
시샤 대학교에 합격할 수 있었다.

나는 내게 통하는 방법을 찾아 내 식대로 노력을 했다. 노력
이란 것을 의식하지 않고, '노력이 저절로 계속되도록' 했기 때
문에 공부라면 질색하던 내가 목표를 이루고 자신감을 가질
수 있게 된 것이다.

이후 도시샤 대학을 졸업한 뒤에도 심리학을 공부하기 위해

나는 더욱 난이도 높은 케임브리지 대학교 대학원 진학에 도전해 성공했다. 공부를 마치고 귀국해서는 목표로 삼았던 해외 명문 대학 입학을 준비하는 학생들을 위한 어학원 설립을 실현했다. 지금 나는 예전의 나에게는 아득하기만 했던 전국 유명 대학 및 유수의 기업에서 영어 학습과 동기 부여에 관해 강의를 하고 있다.

이 모든 것이 '노력이 저절로 지속되게 하는 시스템'을 스스로에게 적용시킨 결과였다.

노력은 중요하다. 굳이 말하지 않아도 모두 알고 있을 것이다. 노력을 하지 못하는 사람에겐 세상살이가 결코 녹록지 않다. 그럼에도 학교에서는 물론이요 직장에서도 "노력하다가 포기하는 건 아직 기합이 덜 들어가서 그렇다"는 밑도 끝도 없는 정신력 타령뿐, 구체적으로 어떻게 하면 노력을 지속시킬 수 있는지는 가르쳐주지 않는다. 선생님이나 상사에게 질문해도 "그런 걸 가르쳐줘야 아나? 정신 차려"라는 대답이 돌아올 것이다.

노력을 할 때도 쉽게 지속할 수 있는 비결이 있다는 것을 아는 사람도 많지 않은 현실이다.

🔍 나를 바꾸는 가장 합리적인 방식을 찾다

이 책을 쓴 목적은 간단하다. 노력하기를 싫어하거나 꾸준히 지속하는 것을 힘들어하는 사람들에게, 힘들다는 생각 없이 노력이 저절로 계속되게 하는 방법을 알려주기 위해서다. 나 자신이 실제 체험해 결과를 검증한 방법에, 케임브리지 대학원에서 전공한 심리학의 이론적 기반을 더해 여러분에게 소개하고자 한다.

책은 다음과 같이 구성했다.

1장 | 〈준비편〉 스스로에게 의욕을 불어넣는 마음의 준비 방법

2장 | 〈규칙편〉 노력을 자동화하기 위해 먼저 알아두어야 할 필수
법칙

3장 | 〈기술편〉 노력을 저절로 지속시키기 위해 필요한 구체적인
테크닉과 노하우

4장 | 〈효율편〉 단기간에 목표를 완수하기 위해 필요한 효율적인
노력의 기술

5장 | 〈도전편〉 독학으로 세계적인 수준에 이르기까지 성장하는 법

모든 장에서 이론뿐 아니라 구체적인 방법과 단서를 제시하

므로 누구라도 바로 실행에 옮길 수 있을 것이다.

대학 진학이나 유학을 목표로 하는 학생은 물론 자격시험을 앞두고 있거나 직업에 필요한 능력을 키우기 위해 도전하는 사회인까지, 나날이 자신을 성장시키기 위해 노력하는 모든 사람에게 도움이 되는 내용만 담고자 했다.

실제 지금 운영하고 있는 학원에서도 나는 학생들에게 이 책에 쓴 내용을 반복적으로 전달하고 있다. 그 결과 설립 3년 만에 유학을 희망하는 학생은 물론 해외 MBA 취득을 목표로 하는 경영간부 후보, 고위공무원, 의사 등 총 100명 이상이 케임브리지 대학교, 런던 대학교를 비롯한 세계 유수의 학교에 입학하는 쾌거를 이뤘다.

이렇게 말해도 '원래 머리가 좋은 사람이었겠지. 노력이든 공부든 원래 잘하는 사람이 있잖아?' 하고 생각할 사람이 있을지 모르겠다. 하지만 정말로 누구든지 할 수 있다. 이 책에서 소개하는 방법은 학창 시절 머리를 노랗게 염색하고 귀와 입술을 비롯한 얼굴 곳곳에 주렁주렁 피어싱을 하고 다니며 법원과 경찰서를 들락날락했던 나도 할 수 있었던 것이기 때문이다.

공부만이 아니다. 처음 만나는 사람과는 말 한마디도 제대로 나눌 수 없을 정도로 낯가림이 심했던 내가 지금은 많은 사람들 앞에서 강의하는 사람이 되었다. 이 방법을 통해 자신감을 갖게 되었기 때문이다. 노력이 저절로 지속되는 시스템을 갖추면 이렇게까지 바뀔 수 있다.

"전에는 절대 안 될 거라고 생각했던 일이 어느새 실현되어 있는 것을 깨달았습니다."
"전혀 힘들이지 않고 노력을 계속해서 목표를 달성했습니다."

많은 사람들로 하여금 이렇게 증언하게 만든 간단한 방법을 지금부터 함께 살펴보자.

차례

2장
노력을 자동화하는 7가지 규칙

노력을 쉽고
당연한 것으로
만드는 비법

3장
노력이 저절로 지속되는 기술

내 의지대로
몸을 움직일 수 있는
다양한 방법들

4장
단기간에 케임브리지 대학원에 합격하다

시간이 부족해도
충분히 성과를 내는
고효율 노력법

5장
독학으로도 세계 톱이 될 수 있다

좌절하지 않고
끝없이 성장하는
참 쉬운 방법

1장

더 이상
노력은 없다 ——————————

자연스럽게
실행으로 이어지는
의식 개혁의 기술

우리의 뇌가 노력을 힘든 것으로 인식하는 한,
노력을 오래 지속하는 것은 불가능하다.
노력을 쉽게 실천하고 끝까지 지속할 수 있게 만드는
의식 개혁의 기술을 여기에 소개한다.

01

힘들일 필요 없는
노력을 하라

사람은 누구나 더욱 발전하고 싶어 한다.

어린 시절을 떠올려보라. 시험 성적이나 달리기 순위를 두고 누군가에게 뒤지고 싶지 않은 경쟁심 때문에 열정을 불태웠던 기억이 있을 것이다. 아직 세상의 때가 묻지 않은 순진한 아이라면 '노력해봤자 소용없어', '어차피 결과는 뻔해', '난 재능이 없는 걸'과 같은 생각 따위에 얽매이지 않고 무엇이든 온 힘을 다해 부딪칠 것이다.

그런데 어째서, 어른이 된 우리는 노력하기를 꺼리고 부정적으로 생각하게 된 것일까?

거기에는 분명한 이유가 있다.

🔍 지속되지 않는 노력은 자신감만 빼앗는다

노력에도 종류가 있다. 하나는 너무 힘들어서 오래가지 못하게 되는 노력, 다른 하나는 즐거워서 저절로 계속하게 되는 노력이다. 많은 사람들이 이를 모른 채 힘든 노력만 억지로 하려고 하다가 좌절을 경험하곤 한다.

케임브리지 대학원에서 동기 부여에 대해 연구할 때 중요한 개념으로 자주 언급되던 것이 있다. 바로 '학습된 무기력learned helplessness'이다. 노력했는데도 오래가지 못했거나 바람직한 결과를 얻지 못한 경험을 반복하다 보면, 나중에는 아무리 노력하려고 해도 의욕이 생기지 않는 상태가 되고 만다. 많은 사람이 이렇게 노력을 하면 할수록 자신감을 상실하는 상황에 처해 있다.

그러나 인간의 본성을 생각하면 노력을 꾸준히 지속하지 못하는 것이 당연하다. 노력하기를 좋아하는 사람은 소수에 불과하다. 할 수만 있다면 누구나 편하게 성과만 얻으려고 할 것이다. 인간에겐 극히 자연스러운 일이다.

그러니 노력을 하다가 중도에 포기했다고 해서 스스로를 게으르고 나태한 사람이라며 책망할 필요는 없다. 그것이 자연스러운 것임을 인정하고, 그럼에도 불구하고 이를 극복할 수

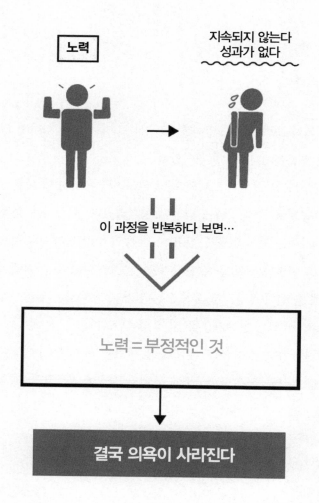

있는 방법이 없을지 궁리하는 편이 목표를 향해 전진하는 데
도움이 된다.

🔍 노력과 회피의 메커니즘

나 역시 노력하기 위해 애쓰다가 실패하고는 자신감마저 잃
게 된 수많은 사람 중 한 명이었다.

초등학교 시절엔 부모님의 뜻에 따라 밤늦게까지 학원에 다
니며 공부했다. 그럼에도 성적이 형편없었다. 확실하게 성적
을 올려주는 곳이 없을까 싶어 이 학원 저 학원을 기웃거렸으
나 그중 어디에서도 원하는 성과를 거둘 수 없었다. 서점에서
'이 책 한 권이면 성적이 쭉쭉 오른다'라고 적혀 있는 참고서를
사도 풀 수 있는 문제가 거의 없어 의욕만 꺾였다.

그렇게 무슨 짓을 해도 성과를 얻지 못한 채 나는 중학교에
진학했고, 그 후로는 축구부에 들어가 축구에 몰두하면서 공
부와는 계속 멀어져갔다. 그 결과 기말고사에서 학년 전체 108
명 중 99등이라는 처참한 성적표를 받기도 했다.

그렇다고 내가 남들에 비해 유난히 게을렀던 것은 아니다.
교과서에 나온 내용은 확실히 공부했고 노트 정리도 열심히

했다. 그런데도 성적은 요지부동이었다. 대체 어떻게 해야 할지 알 수 없던 나는 헛된 노력에 점점 지쳐갔다.

그 시절을 되돌아보면, 내겐 성적을 올리려면 무조건 열심히 해야 한다는 생각밖에 없었던 것 같다. 즉 노력만 하면 성적이 올라갈 것이라고 믿은 것이다. 그러나 마침내 노력하는데도 결과가 달라지지 않는다는 사실에 실망하면서 노력 자체에 부정적인 감정을 갖게 되었다. 노력을 하나 하지 않으나 결과가 마찬가지라면, 대체 무엇 때문에 노력을 한단 말인가.

당시엔 노력을 하면 할수록 내가 쓸모없는 인간처럼 느껴졌다. 차라리 공부가 아닌 다른 분야에서 강해져야겠다는 생각에 불량한 친구들과 어울리며 비뚤어지기 시작했다.

나와 비슷한 함정에 빠진 사람이 있다면 이 말을 꼭 해주고 싶다. 억지로 노력하려고 애써서는 절대로 그 노력이 오래가지 않는다. 노력하지 않고도 꾸준히 노력해나갈 수 있는 여러 가지 방법을 이 책에서 제안할 것이다.

POINT

억지로 노력하려고 하면 무기력에 빠질 뿐이다.

핵심을 파악하여
공략하라

나의 중학교 시절은 그렇게 공부에 관해서는 좋은 기억 하나 없이 지나갔다. 내가 다니던 학교는 중학교와 고등학교가 같은 재단에 속해 있었는데, 고교 입시 시험 당일 독감에 걸리는 바람에 나는 운 좋게 고등학교에 특례 입학할 수 있었다.

서문에서 언급한 정학 사건은 바로 이때 일어났다.

정학 및 자택 근신 처분을 받은 후 지금처럼 살아서는 안 되겠다고 절실히 느낀 나는 스스로를 변화시킬 방법을 강구했다. 가장 먼저 나는 항상 좋은 성적을 받는 같은 반 친구에게 물었다. "어떻게 하면 공부를 잘할 수 있어?" 그러자 지금까지 내가 알고 있고 해왔던 방법과는 전혀 다른 대답이 돌아왔다.

"간단해. 선생님이 항상 강조하는 부분 있잖아. 그것만 그대로 외우면 돼."

"그대로 외우라고?" 나는 깜짝 놀라서 반문했다. 지금까지 나는 선생님의 설명을 전부 이해해야만 좋은 점수를 받을 수 있다고 생각했기 때문이다. 그야말로 눈이 번쩍 뜨이는 것 같았다.

🔍 방법을 바꾸면 결과도 달라진다

공부를 열심히 하는 것도 아니고, 단순히 외우기만 하면 성적이 올라간다니! 암기 역시 자신이 있었던 건 아니었지만 일단 시도해보기로 했다. 시험 직전에 그야말로 벼락치기로 선생님이 강조했던 부분만 달달 외웠다. 그러자 정말 대부분의 과목에서 점수가 올라 평균 수준에 이르렀다. 물론 그 전까지 너무 형편없는 점수였기에 상대적으로 올랐을 뿐이지만, 나로서는 깜짝 놀랄 만한 최초의 성공 체험이었다. 성실하게 노력하는 동안에는 옴짝달싹도 하지 않던 성적이 방법을 살짝 바꾸자 바로 성과로 나타난 것이다.

그저 필사적으로 노력하는 것밖에 방법이 없다고 생각해왔
는데, 실제는 핵심을 짚어내는 것이 가장 중요했던 것이 아닐
까? 비로소 지금껏 결실을 맺지 못했던 건 핵심을 몰랐기 때문
이었다는 사실에까지 생각이 미쳤다.

🔍 출제자가 무엇을 원하는지 파악하라

지금까지 나름의 노력을 해왔음에도 성과가 전혀 없었던 건
무엇이 핵심인지 모른 채 무턱대고 전부를 이해해야만 한다고
믿었기 때문이었다. 수업을 들어도 선생님 말씀 중 어떤 게 중
요한지, 선생님이 무엇을 강조하고 있는지를 전혀 모르는 상
태였다. 그런 시각으로 접근하려고 생각조차 한 적이 없었다.
어떻게 하면 핵심이 무엇인지 알 수 있을까? 학교에서 치르
는 시험을 예로 들어보자.

선생님은 학생이 어떤 부분을 이해하기를 바라고 있는가?
그것을 시험해보려면 어떻게 문제를 낼 것인가?

여기에 초점을 맞춰 생각하면 핵심이 보이기 시작한다. 그

렇게 되면 시험 범위 전부의 내용을 이해하지 못했다 해도, 여기에서 문제가 나오지 않을까 하는 포인트가 눈에 들어온다. 이를 중점적으로 암기하면서 그에 관한 배경 지식을 차근차근 공부해가면 된다는 것을 나는 그때 처음 깨달았다. 성과가 없는 것은 노력이 부족했기 때문이 아니라, 노력의 방향성이 잘 못되었기 때문이다.

학교 시험이든 자격증을 위한 시험이든 출제자가 있다. 그에겐 의도가 있고, 그 생각이 시험 문제에 반영되게 마련이다. 따라서 시험에 합격하겠다는 목표를 이루고 싶다면 출제 범위 전체를 공부할 것이 아니라 출제자의 생각을 분석하여 핵심을 파악하는 것이 중요하다. 과거에 출제되었던 문제를 많이 풀어보면 출제자가 묻고 싶은 것, 즉 핵심을 감각적으로 알 수 있게 된다.

🔍 핵심은 이런 곳에 있다

영어 회화처럼 출제자가 존재하지 않는 경우에도 핵심은 반드시 존재한다. 이를 어떻게 발견할 수 있을까?

앞서 말했듯 나의 경우 늘 좋은 성적을 받는 친구에게 "어떻게 하면 좋은 점수를 받을 수 있어?"라고 솔직히 물어본 것이 도움이 되었다. 핵심을 발견할 수 있는 가장 **빠른** 방법은 자신이 목표로 하는 분야에서 이미 성공을 거둔 사람에게 물어보는 것이다.

사람마다 생각하는 방식이 다르고 환경도 다르기 때문에 문제에 접근하는 방식이나 중요하다고 생각하는 점 역시 다르다. 하지만 다양한 이야기를 들어보고 그중에서 '이 방법이라면 나도 할 수 있겠는데?' 싶은 것을 골라 시도하면 된다.

어떤 분야에서든 성공을 거둔 사람이라면 그 과정에서 시행착오를 겪으면서 핵심을 공략하는 방법 1가지 정도는 반드시 발견하게 마련이다. 노력하기 전, 그런 공략법에 관한 정보를 먼저 수집해서 집중적으로 시도한다면 무턱대고 노력하는 것보다 확실히 더 큰 성과를 얻을 수 있다.

POINT

혼자서만 궁리하지 말고 실제로 해낸 사람의 방법을 따라 한다.

03

투자할 수 있는
자원을 꼽아보라

목표를 세워서 최선을 다하고 있는 상황인데 주위 사람에게서 "성공하려면 지금보다 더 노력해야 한다"라는 말을 듣게 될 때가 있다. 그런 말을 들으면 내심 '아직도 부족한가 봐. 더 열심히 해야겠군' 같은 생각이 들 것이다.

그러나 이는 근본적으로 잘못된 생각이다.

'더 노력해야 해'라고 생각한 의식의 뒤편에는 '사실은 하고 싶지 않다'라는 잠재의식이 숨어 있는 법이다.

사람의 말이란 참으로 신기해서 '무언가를 해야 한다'라는 문장을 사용하는 순간, '실은 하고 싶지 않은데 해야 하는 일'이라는 의식이 움직인다. '웬만하면 안 하고 넘어갔으면 좋겠는데'

라는 본심을 가지고서 행동하므로 전력을 다하지 못하고 어중간한 상태에서 일을 그치게 된다. '꼭 해야 한다'라는 압박을 받을수록 지속하기 힘들어지고 중도에 포기하게 되는 것이다.

🔍 목표를 직시하면 하기 싫은 마음이 사라진다

반대로 일이 술술 풀리면서 순조롭게 진행될 때는 어떤 상태일까? 이런 상황도 경험해본 적이 있을 것이다. 이때는 '이걸 꼭 해야지', '노력해야 해'와 같은 생각은 거의 하지 않을 것이다. 그런 말을 머릿속에 떠올릴 새도 없이 그저 자연스럽게 행동할 뿐이다.

의식적으로 노력한다는 것은 마음속 어딘가에서 '하기 싫다'는 의식이 작용하고 있다는 뜻이다. 잠재의식 속에는 대충 끝내고 싶은 마음이 남아 있으므로 아주 사소한 문제라도 생기면 이를 핑계 삼아 노력에서 일탈하고 만다.

단언하건대, 의식적으로 하는 노력은 오래 지속되기 힘들다.

그렇다면, '하기 싫은 기분'을 떨쳐내려면 어떻게 해야 할까? 우선 내가 왜 그 행동을 하려고 하는지, 왜 노력할 필요가 있는지를 다시 한 번 명확하게 직시해야 한다.

'목표를 달성해 이렇게 되고 싶다', '주위에서 나를 이렇게 봐주었으면 좋겠다', '아니, 나는 이 정도면 충분해'와 같은 자신의 본심과 솔직하게 마주하는 것이다. 그러면 자연스럽게 '좋아, 해보자!'라는 동기가 생기기도 하고 '굳이 이것까지 무리해서 할 필요는 없겠어'라는 식으로 생각을 정리하는 계기가 되기도 한다.

굳이 그렇게까지 할 필요가 없는 목표라면 어차피 계속 추구하기 힘들다. 어떻게 시작은 한다 하더라도 노력과 동기의 균형이 잡혀 있지 않으므로 언젠가는 그만두게 된다.

그럴 때는 내가 진심으로 성취하고 싶은 목표가 무엇인지 곰곰이 생각한 뒤 그 일에 노력과 시간을 투자하는 것이 현명하다.

🔍 사용할 수 있는 시간, 돈, 사람을 따져보라

나는 왜 노력하고 싶은가? 내가 노력해서 이루고 싶은 목표와 그 이유가 무엇인지 찾아냈다면 마음가짐의 준비는 끝났다. 이제는 목표에 접근하기 위해 무엇이 필요한지 생각할 차례다. 여기에서 중요한 건, 사용할 수 있는 것은 오직 '내가 가지고 있는 것'뿐이라는 사실을 아는 것이다.

학생이라면 학교에서 공부하는 시간, 사회인이라면 직장에서 일하는 시간이 정해져 있다. 학생이라면 학교에서, 사회인이라면 직장에서 지내야 하는 시간이 있으므로 노력하기 위한 '여분의 시간'이 한정되어 있다. 이를 직시하지 않은 채 단순히 '매일 조금씩 열심히 하면 되겠지'라고 생각한다면 스트레스만 쌓일 뿐이다.

시간에만 해당하는 문제가 아니다. 우선은 내가 지금 무엇을 가지고 있으며, 무엇을 가지고 있지 않은가를 확실히 파악해야 한다.

그중에서도 가장 중요한 자원은 역시 '시간'이다. 아무리 하고 싶은 마음이 있어도 시간이 없으면 아무것도 할 수가 없다.

그다음으로 확인해야 할 것은 내가 무언가를 하고 싶다고 생각했을 때 도와줄 수 있는 '사람'이 있는가, 누군가로부터 도움의 손길을 기대할 수 있는가이다. 일손이 부족할 때 도와줄 수 있는 사람, 내가 모르는 것을 가르쳐줄 수 있는 사람, 기분이 가라앉을 때 활력을 불어넣어줄 수 있는 사람 등 그러한 누군가의 존재 여부도 목표 달성에 상당히 중요하게 작용한다.

또 하나 중요한 것은 '돈'이다. 지금부터 하려고 하는 일에 얼마의 돈을 사용할 수 있는지를 계산에 넣어야 노력하는 방

· 나에게는 얼마나 많은 자원이 있는가? ·

시간

매일 어느 정도의
'여유 시간'이
있는가?

돈

목표를 위해
얼마까지 사용할
수 있는가?

?

사람

응원해줄 사람이
있는가?

내가 사용할 수 있는 자원을 파악하자

식을 정할 수 있다. 예를 들어, 영어 공부를 하고 싶다면 돈을 들이지 않고 인터넷을 활용해 공부할 것인지, 참고서로 공부할 것인지, 또는 학원에서 개인 교습을 받을 것인지에 따라 목표를 이루기 위한 방법이 달라진다.

단순히 돈이 많다고 좋은 것은 아니다. 중요한 것은 액수가 아니라 내가 갖고 있는 자원을 어떻게 배분해 목적을 달성할 것인지를 확인하는 것이다.

내가 가지고 있는 자원을 요리의 재료라고 생각해보라. 카레 라면을 예로 들면, 일반적으로 통용되는 조리법과 재료가 정해져 있다. 그러나 각 가정의 카레를 맛보면 만드는 방법은 물론 넣는 재료도 조금씩 다르다. 내가 갖고 있는 재료와 내가 할 수 있는 방법을 써서 최종적으로 맛있는 카레 라면을 먹을 수 있다면 그걸로 충분하다.

맛있는 카레 라면을 만들어 먹는 첫걸음은 우선 내가 준비할 수 있는 재료를 파악하는 것이다.

POINT
강한 목표 의식이 없다면 포기는 시간문제이다.

04

2,920시간을
어떻게 사용할지 연구하라

내가 가지고 있는 자원(시간, 돈, 사람 등)을 어떻게 배분해서 사용하면 목표를 달성할 수 있을까?

중요한 것은 앞에서 잠시 언급했던 것처럼 '내가 바꿀 수 있는 것'에 집중하는 것이다. 우리 주위에는 다양한 환경이 있는데, 그들 모두를 2가지로 분류할 수 있다. 내가 조절할 수 있는 것과 없는 것으로 말이다.

내가 바꿀 수 없는 것에 관해서는 아무리 고민해도 전혀 의미가 없다. 내가 바꿀 수 있는 것에 집중하는 사람이 성과를 올리기 쉽다는 심리학적 연구 결과도 있다. 내가 무의미한 고뇌에 휘둘리고 있지는 않은지 먼저 통찰해봐야 한다.

🔍 돈으로 사용 가능한 시간을 늘린다

일반적인 회사원일 경우 직장에 있는 시간은 내 힘으로 바꿀 수 없는 것에 속한다. 상사에게 "공부를 하고 싶으니 오전에만 일하게 해주십시오"라고 말했다가는 어이없는 직원이라고 낙인 찍힐 것이다.

시간은 누구에게나 공평하게 주어진다. 1년은 8,760시간이며, 하루 8시간의 수면시간을 빼면 활동에 사용하는 시간은 5,840시간이다.

거기에서 학생이라면 학교에 가 있는 시간, 사회인이라면 직장에서 일하는 시간을 감안해 절반 정도의 시간을 빼면 남는 건 2,920시간.

1년 중 자신을 위해 쓸 수 있는 시간은 아무리 많아도 전체 시간 중 3분의 1정도에 불과하다. 그러나 거꾸로 생각하면, 거의 3,000시간에 가까운 시간은 내가 어디에 사용할지 정할 수 있다는 이야기이기도 하다.

만약 목표를 달성하는 데 이 정도의 시간으로는 부족하다면, 사용할 수 있는 시간을 늘려야 한다. 노력해서 달성하고 싶은 목표가 지금 다니는 회사에서 받을 당장의 평가보다 중요하다면 휴직을 선택할 수도 있고, 시간을 내기 쉬운 직업으로

· 내가 가진 시간은 얼마나 될까? ·

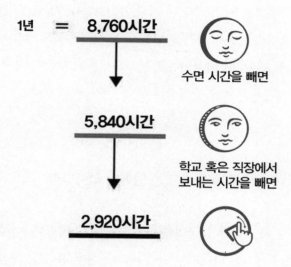

1년 = 8,760시간

수면 시간을 빼면

5,840시간

학교 혹은 직장에서
보내는 시간을 빼면

2,920시간

내가 쓸 수 있는 '총 시간'을 파악하라

이직을 할 수도 있다.

그렇게까지 할 생각은 없지만 약간의 시간이라도 더 필요하다면 '시간을 돈으로 사는' 선택도 가능하다. 업무 중 일부를 아웃소싱함으로써 시간을 만들 수도 있고, 출퇴근에 시간이 많이 소요된다면 좌석버스를 이용해서라도 그 시간을 자신을 위해 사용하는 것도 방법이다.

🔍 내 힘으로 바꿀 수 있는 일에만 집중하라

내가 아닌 다른 누군가를 다스리는 일은 어렵다. 하지만 이는 자기 자신을 다스리는 일에 비하면 쉬운 편이다. 자신을 다스리는 것이 어렵게 느껴진다면 먼저 자신에게 솔직해지는 것부터 시작하라. 마쓰시타 고노스케는 그의 책에서, 스스로 자신의 부정적인 부분을 인정하고 받아들였던 것이 '경영의 신'이라 불릴 정도로 성공하는 데 일조했다고 밝혔다.

가난하고 몸도 약해서 학교에 다니지 못한 채 어릴 적부터 상인 밑에서 장사를 배운 그는 자신에게 아무것도 없다는 사실을 인식하고 있었다. 그래서 무엇이든 다른 사람에게 솔직하게 물어보고 배웠다. 타인은 물론 자신에게 솔직했기 때문에 많은 것을 배울 수 있었다는 것이다. 그는 이러한 자세가 모든 성공의 원점이었다고 말했다.

마쓰시타 고노스케에 비할 주제는 아니지만, 나 역시 고등학생 때 '나는 할 수 있는 게 아무것도 없어'라고 생각했다. 그러다 나 자신과 대면할 수밖에 없는 상황에 처하면서 수많은 책을 접하게 되었고, 내가 할 수 없는 일이 있다고 하더라도 그것이 나쁜 것이 아니면 그 문제로 내 인생이 끝나는 것은 아니라는 생각을 하게 되었다.

아무것도 하지 못하는 나라는 존재를 부정할 수 없었기에 받아들일 수밖에 없었다. 그렇다면 나보다 무언가를 잘하는 사람에게 솔직하게 물어본 뒤 얻은 충고를 실행해보자고 다짐했다. 끝까지 노력해 무언가를 성취한 사람과 그렇게 하지 못한 사람은 노력에서 차이가 난다기보다 솔직함에서 차이가 나는 건 아닐까 하는 생각도 하게 되었다.

능력이라고 부를 만한 것도 아닌 솔직함 따위의 문제로 과연 차이가 생기겠느냐고 반문할 사람이 있을지도 모르겠다. 그러나 의외로 여기에서 큰 차이가 벌어진다.

앞서 노력해야 하는 핵심적인 지점을 파악하고 싶다면 다른 사람에게 물어보고 남들의 방식을 알아내서 그것을 따라 하라고 했다. 이 제안이 그럴 법하다고 수긍한 사람은 제법 있겠지만 해봐야겠다고 생각한 뒤 실제로 행동으로 옮긴 사람은 아마 극소수에 불과할 것이다. 이러한 문제로 솔직함이 결국 큰 차이를 만들어내는 것이다.

다른 이에게 충고를 구하지 않는 사람일 경우 대개 자존심이 세다. 스스로에게 자신이 있기 때문에 자신의 방법을 고집하고 새로운 방식에 저항한다. 그 결과 새로운 방식을 망설임 없이 시도하고 활용하는 사람과는 점점 큰 차이가 벌어지는 것이다.

POINT

승승장구하는 사람은 다양한 방법을 망설임 없이 시도한다.

05

미래의 자신을
과거형으로 인식하라

목표 달성에 있어 매우 중요한 역할을 하는 것이 있다. 바로 '미래의 나'를 의식하는 것이다. 심리학에서도 미래의 자기 모습을 분명히 떠올릴수록, 즉 미래의 자신을 더욱 친근하게 느낄수록 사람은 장래의 자신에게 보탬이 되는 행동을 하게 된다는 것을 다양한 실험을 통해 확인했다.

미래의 자기 모습을 명확한 이미지로 떠올리려면 미래의 자신을 '과거형'으로 생각하는 것이 좋다.

고등학교 시절 성적이 하위 10%였던 나는 정반대인 상위 10%의 점수가 필요한 도시샤 대학교에 입학하는 것을 목표로 삼았다. 이 목표를 가졌을 때 나는 내가 이미 도시샤 대학교에 입학해 캠퍼스에서 공부하고 있는 모습을 머릿속에 떠올리곤 했다. 도시샤 대학교에 들어가고 싶다는 미래형이 아니라 이미 합격해서 들어가 있다는 '과거형'으로 내 모습을 생각했다. 반드시 이 대학교에 들어간다는 감각을 수험 전부터 갖고 있었던 것이다.

이는 내가 나중에 케임브리지 대학원 진학을 위해 영국에 건너가 '에듀케이션 퍼스트Education First'라는 어학원의 대학원 진학 준비 코스를 다닐 때도 마찬가지였다.

진학 준비 코스에는 다양한 나라에서 온 학생들이 모여 있었는데, 그중에 케임브리지 대학교나 옥스퍼드 대학교에 진학하겠다는 목표를 가진 사람은 그다지 많지 않았다. 대부분이 나보다 훨씬 뛰어난 실력을 갖춘 학생들이었는데도 말이다.

주위 사람들은 종종 내게 케임브리지 대학원에 들어가는 것이 그렇게 쉬운 건 아니라고 말했다. 그래도 나는 내가 이미 케임브리지 대학원에 합격해 마을 전체가 중세의 고딕 건축물로 둘러싸인 캠퍼스를 활보하거나 강의실에서 교수님의 수업을 듣고 도서관에서 공부를 하는 나의 모습을 머릿속에서 그려내고 있었다.

🔍 미래상을 스스로에게 각인시키는 3가지 방법

내가 미래의 모습을 선명하게 떠올릴 수 있었던 건, 앞으로 되고 싶은 모습을 발견하는 3가지 방법을 알고 있었기 때문이다.

첫째는 주위에서 이미 목표를 실현하고 있는 사람들을 많이 보는 것이다. 단순히 본다기보다는 관찰한다는 표현이 더욱 정확하겠다. 내가 하고 싶은 일을 이미 하고 있는 사람들과 직접 이야기를 나누고 성공하기까지의 과정을 들어라.

둘째는 강연회 같은 기회가 있을 때마다 참여하여 그 사람들의 이야기를 주의 깊게 듣는 것이다. 내가 머릿속으로 그리던 일을 실제로 하고 있는 사람이 있다는 것을 인상에 남겨라.

셋째는 책, 블로그, SNS 등에서 그런 사람들의 존재를 접하는 것이다. '이런 삶을 살고 싶다', '이런 사람이 되고 싶다'는 생각이 드는 사람이 있다면 그 사람이 발신하는 소식을 정기적으로 읽어라.

한 사람만 정해서 그에게 초점을 맞출 것이 아니라 다양한 사람의 생활방식, 사고방식, 행동으로부터 내가 취할 것을 골라 조합하는 방식을 추천한다. 자신의 완벽한 이상형이라고 해도 한 사람이 걸어온 이력을 내가 그대로 재현하는 것은 불가능하다. 반면 여러 사람의 바람직한 점을 선택해 실천하는 것은 상대적으로 그리 어렵지 않다.

자신의 눈으로 직접 본 것은 신뢰할 수 있고 인상에 강하게 남게 마련이다. 목표를 세웠더라도 그 목표를 달성한 사람을 한 번도 본 적이 없다면, 나도 할 수 있으리라는 현실감이 느껴지지 않는다. 따라서 직접적으로든, 인터넷 등을 통해 간접적으로든 다양한 사람의 활약을 접하면서 앞으로 이렇게 되고 싶다 느껴지는 자신의 이미지를 자연스럽게 만들어가자.

🔍 Do가 아니라 Be를 생각하라

미래 자신의 이미지를 의식할 때도 중요한 것이 있다. 'Do' 가 아닌 'Be'로 생각하는 것이다. 즉, 무엇을 하는가Do가 아니라, 어떤 자신이 되고 싶은가Be를 생각하자.

영어 회화 습득이 목표라면, 영어로 능숙하게 말하고 싶다고 막연하게 생각할 것이 아니라 영어로 스피치를 하거나 교섭을 하는 자신의 모습을 떠올리는 것이다. 미래의 자기 주위 환경이나 상태, 생각 등을 이미지로 각인시키면 미래의 자기 모습이 현실적으로 다가오게 된다.

나는 학생들에게 강의를 할 때도 'Be'를 효과적으로 이미지화하기 위해 학생 모두에게 '1년 후의 자기소개서'라는 것을 작성하게 한다. 목표를 달성한 상태인 1년 후 자신이 어떤 모습인가에 대한 자기소개서를 미리 작성하는 것이다.

이때 포인트가 하나 있다. 구체적인 숫자를 포함해서 작성해야 한다. 만약 많은 사람 앞에서 자신의 경험을 전달하는 직업을 갖는 게 목표라면 1년 후에 "연간 2만 명 앞에서 강연을 하고 나의 경험을 나누어 다른 사람의 용기를 북돋아주고 있다"라고 쓰는 것이다. 그때의 나는 어떤 옷을 입고 어떤 마음가짐으로 어떤 일에 대해 이야기하고 있는가? 1년 전의 나에 대해서는 어떻게 생각하고 있는가? 지금은 어떤 새로운 목표를 품고 있는가? 상세하게 쓸수록 미래의 자기 모습이 분명하게 다가오며 이는 현 시점에서 강력한 동기 부여로 이어진다.

미래 'Be'의 이미지가 분명해질수록 그 상태에 이르기 위해 필요한 행동들이 더욱 절실하게 눈에 들어온다. '이번 달 안에 적어도 이 정도는 발전해야 1년 후에 그 상태가 될 수 있겠구나'와 같이 실감나는 생각을 할 수 있다.

POINT

목표를 달성한 자신의 모습을 상세하게 떠올린다.

06

'방향성×동기×자원'이란 성공 공식

"인생 또는 일의 결과는 '사고방식×열정×능력'으로 결정된다."

이는 교세라의 창업자인 이나모리 가즈오가 "평균적인 능력밖에 갖고 있지 않은 인간이 위대한 성과를 낼 수 있는 방법은 없을까요?"라는 질문을 받고 자신의 경험을 바탕으로 만들어낸 공식이다.

교세라의 근거지인 교토는 내가 태어나고 자란 도시이기도 하다. 그래서 나는 이나모리 가즈오 회장에 대해서 존경의 마음을 갖고 있는 한편 친근감도 느끼고 있다. 이 공식을 책에서 처음 읽었을 때 나는 이를 노력에도 똑같이 적용할 수 있겠다는 생각이 들어 마치 그로부터 직접 격려를 받은 것 같았다.

그래서 공식을 따라서 노력을 할 때 중요한 3가지 요소를 생각해 다음과 같은 공식을 만들었다.

성공＝방향성×동기×자원

♀ 힘들이지 않고도 성과를 얻을 수 있다

우선 노력의 '방향성'이란, 정확한 목표를 향해 노력하고 있는지, 핵심을 발견해 효율적으로 공략하고 있는지를 의미한다.

'동기'란 문자 그대로의 의미다. 목표를 향해 자신을 끌고가는 힘이 제대로 작용하고 있는지 살펴야 한다.

마지막 요소는 '자원'이다. 노력을 하는 데 충분한 시간과 돈을 준비했는지 따져볼 필요가 있다.

방향성, 동기, 자원이라는 3요소를 잘 조합하여 조직화해둔다면, 노력하기 위해 의식하며 힘들어하지 않아도 인생과 일, 공부 등에서 좋은 성과를 거둘 수 있다.

노력의 방향성은 찾았는데 목표로 향하려는 동기가 도무지 생기지 않을 때는 어떻게 하면 좋을까?

동기에는 자신의 내면에서부터 솟아나는 것과 외부에서 찾아오는 것이 있다. 내면의 동기에는 순수한 보람 같은 것이 있다. 외부에서 오는 동기란 이를테면 일을 하고 받는 돈 같은 것이다.

일 자체만 봐서는 할 마음이 생기지 않아도, 돈을 목표로 삼음으로써 동기가 부여된다면 그것도 상관없다. 중요한 것은 무엇을 내가 계속해서 노력하기 위한 '당근'으로 삼을지를 명확하게 설정하는 것이다.

🔍 성공 공식에 나의 상황을 대입하라

이 성공 공식의 3가지 요소인 방향성과 동기, 자원을 어떻게 조합할 것인가에 성공의 열쇠가 숨어 있다.

노력의 방향성을 맞추고 동기를 만들고 거기에 각자의 환경에 따라 사용할 수 있는 자원을 끌어모아 활용하면 되는데, 이때 그중 1가지 요소가 부족하다 해도 다른 요소가 충분하다면 서로 보완하여 결과적으로는 큰 성공을 이뤄낼 수 있다.

단, 3가지 요소 중 방향성이 크게 어긋나 있을 경우엔 다른 요소가 아무리 충분하다고 해도 성공을 장담할 수 없다. 목표를 달성할 수 있는 효과적인 방법을 깊이 생각하지도 않고 그냥 자기 내키는 대로 노력하는 경우가 여기에 해당한다. 이 경우엔 마이너스 항목이 하나 들어 있는 것이나 다름없다. 동기가 있고 시간도 투자하고 있지만 성과가 없다는 사람이 대부분 그렇다. 노력의 방향성이 어긋나 있는 것이다.

그러니 '일단 시작하고 보자'는 발상은 부디 그만두길 바란다. 내가 무엇을 할 수 있게 되길 원하는지와 같은 '궁극적인 목표'를 다시 한 번 의식하고, 그것과 명확하게 직결되는 노력을 해야 한다.

이 성공 공식의 3가지 요소를 보면서 나의 노력에는 무엇이 충분하고 무엇이 부족한지, 더 강화할 수 있는 요소는 없는지를 확인해보라. 3요소가 조화롭게 어우러진 상태에서 노력을 시작한다면 막힘없이 진행되는 것은 물론 성과도 자연스럽게 따라올 것이다.

POINT
3가지 요소만 맞아떨어진다면 원대한 목표도 달성할 수 있다.

07

최초의 3일을
극복하라

사실 노력 그 자체는 그다지 힘들지 않다. 그보다는 '열심히 해야 한다는 것은 충분히 알고 있으면서도 그렇게 하지 못하는 나'와 직면하는 상황이 훨씬 더 괴롭다.

모처럼 해보자고 결심하고 시작했는데 그 노력이 작심삼일로 끝나버려 결국 아무런 성과도 얻지 못할 때가 많다. 문제는 그러한 자신을 직시하는 것이 괴로운 나머지 그럴 바에는 처음부터 시도조차 하지 않는 게 낫다고 생각하게 되는 것이다.

그러나 많은 사람들이 결심을 하고도 작심삼일에 그치고 마는 건 그것이 인간에게는 지극히 자연스러운 일이기 때문이다.

🔍 힘든 것은 처음뿐임을 기억하라

작심삼일로 끝나지 않고 노력을 계속해 좋은 성과를 얻으려면 무의식적으로 노력할 수 있게 되어야 한다. 그러나 그 어떤 행동도 처음부터 무의식적으로 하게 되는 일은 없다.

처음에는 자신의 모습을 의식하면서 익숙하지 않은 행동을 해나가야 한다. 당연히 힘들다. 정신적으로든 신체적으로든 피로가 느껴진다(나중에 의식적인 행동을 쉽게 할 수 있게 해주는 규칙과 요령을 소개하겠다).

사람들의 결심이 작심삼일에 그치는 건 '최초의 3일'이 가장 힘들기 때문이다. 그러나 이 시점만 지나면 행동이 저절로 나오게 된다.

자전거를 탈 때를 떠올려보라. 멈춰 있던 자전거를 처음 출발시킬 때는 페달을 세게 밟아야 한다. 그러나 바퀴가 돌아가기 시작하면 탄력을 받아 점점 힘을 들이지 않아도 앞으로 나갈 수 있게 된다. 이와 마찬가지다.

공부나 일만 아니라 새로운 것을 시작할 때는 그것이 무엇이든 공통적으로 나타나는 현상이다. 최초의 3일 동안에는 거의 모든 일이 당연히 힘들다.

그러니 처음 3일이 힘들어 포기하고 싶어질 때는 '역시 나는

글러먹었어'라며 좌절할 것이 아니라, '원래 누구나 다 힘들어'라고 생각하라. 그리고 '지금이 유독 힘든 시기라서 그렇지 이제 점점 편해질 거야'라고 자신을 설득하자.

이렇게 힘든 노력을 앞으로 계속해야 한다고 생각하면 어떤 노력도 지속하기 힘들다. 그러니 임의로 기한을 정해서 우선 그 기간 동안만 끝까지 해보자고 마음먹어라. 출구가 보이지 않는 깜깜한 터널은 아무도 걷고 싶지 않은 것이 당연하다.

'우선은 3일만 해보자'라고 정하면 일단 시작하는 것에 대한 심리적인 장벽이 낮아지므로 일에 착수하기 쉬워진다. 3일간 계속하고 나면 그 뒤로도 쭉 지속하는 데 대한 장벽이 낮아진다. 다시 그때부터 '이번엔 일주일만 해보자', '한 달까지 채워보자', '목표를 이룰 때까지 1년만 이 습관을 계속 해보자'와 같이 결심을 갱신해간다면 무리하지 않고 지속적으로 노력하는 습관을 만들 수 있다.

POINT

짧은 기한을 정해 시작하고, 이를 습관으로 발전시켜라.

아무것도 하기 싫은
순간을 극복하라

인간은 노력과 감정을 완전히 떼어놓고 생각할 수 없다. 감정에 따라 움직이는 존재이기 때문에 그렇다. 무슨 일을 하게 되든 즐거운 마음이 들면 순조롭게 전진해갈 수 있지만, 조금이라도 거리끼는 마음이 생기면 그 자리에 멈춰서고 만다. 누구나 마찬가지다.

명심해야 할 것은 그렇다고 해서 부정적인 감정을 꾹꾹 억누른 채로 노력을 계속해서는 안 된다는 것이다. 사실 어떤 분야에서든 우수한 인재로 평가받는 사람일수록 자신의 어려움을 무시한 채 계속 노력해나가는 경향이 있다. 그러나 대개 그러한 노력은 오래 지속되지 않는다.

사람이기에 기분이 좋을 때가 있으면 힘들 때도 있다는 사실을 인정하자. 다만 그 상황 속에서도 노력을 계속할 수 있는 시스템을 만들어야 한다. 어떻게 하면 자기 내면의 다양한 감정을 잘 다스려 좋은 결과로 이끌어갈 수 있을지를 생각해야 한다는 말이다.

다양한 감정을 다스린다는 것은 감정을 조절하는 것과는 다르다. 감정은 조절하려고 할수록 걷잡을 수 없어진다. 너무 힘들어 견딜 수 없을 때, 화가 날 때, 비참하게 느껴질 때 등 그 순간에는 자신이 그러한 상태에 있음을 떳떳이 인정하는 게 좋다. 감정에 휘둘린다고 부족한 인간이라고는 할 수 없다.

감정을 다스리기 위해 내가 권하는 방법은 이것이다. 감정을 억누르지 않고 일상적으로 가볍게 발산하는 것이다. 성공한 사람도 당연히 감정의 파도에 휩쓸릴 때가 있다. 긍정적인 감정은 유용하게 활용하고 부정적인 감정은 쉽게 털어버린다는 점에서 일반인과 다를 뿐이다.

울고 웃고 화내고 기뻐하는 것은 인간의 자연스러운 본성이다. 그것을 제때 배출하지 않고 쌓아두기만 하면 결국에는 스트레스가 되어 성과에도 악영향을 미친다.

🔍 의식적으로 압박감을 배출하라

지금까지 학생 및 사회인을 대상으로 강의를 해오며 나는 여러 분야의 각양각색의 사람들을 많이 만났다. 그중에는 진정한 노력파라고 인정할 수밖에 없는 사람도 있었다. 그들은 늘 열심히 해야 한다고 의식하고 있었고 유독 책임감이 강했으며 부모나 주위 사람들의 기대에 부응하고 싶어 하는 마음이 간절한 사람들이었다. 물론 이것이 나쁘다는 건 아니다. 하지만 이러한 것들을 너무 강하게 의식하다 보면 스스로 깨닫지 못하는 사이에 자신을 괴롭히게 되는 경우가 적지 않다는 게 문제다.

무엇보다 이런 사람과 이야기를 나누다 보면 몇 가지 특징을 발견하게 된다. 그들은 처음엔 "괜찮습니다", "아무 문제없습니다"라고 말한다. 부족한 자신의 모습을 인정하기 싫어서일지도 모르겠고, 어쩌면 어린 학생일 경우 내가 자신의 부모에게 그에 대해 안 좋은 이야기를 하지는 않을까 싶어 불안해서 그러는지도 모르겠다.

이유가 무엇이든 처음부터 매우 열정적인 자세로 임하던 그들이라고 해도 나중에는 점점 자신의 감정을 제어할 수 없게 되곤 했다. 결국 그들은 스스로 감당이 안 될 정도로 아무것도 하기 싫은 상태가 되었다고 내게 고백했다.

이처럼 한 번 '다 필요 없어. 이제 됐어'와 같은 상태에 빠지게 되면, 다음 단계로 나아가기 위해 연소시켜야 할 에너지가 부족하게 된다. 그런 사태를 방지하기 위해서라도 감정을 일상적으로 표현하고 발산할 필요가 있는 것이다.

인간에게는 노력을 한다는 것 자체가 스트레스이다. 이는 절대 부정할 수 없다. 그러니 목표 달성을 위해 무언가를 시작했다면 힘든 것이 당연하고, 너무 버겁다 싶을 때마다 해소하면 그만이라고 생각하는 편이 좋다.

🔍 혼자만의 비공식 계정을 만들어라

자신의 감정을 일상적으로 표출하는 것이 좋기는 하지만 그렇다고 그러한 감정을 주위 사람들에게 모두 쏟아 부을 수는 없다. 이때 간단하게 시도할 수 있는 방법이 있다. 감정의 배출구로 쓸 트위터 계정을 만드는 것이다.

다만 팔로하는 상대가 하나도 없으면 트위터의 규정상 계정을 만들 수 없다. 팁을 하나 주자면, 타임라인에 보여도 신경 쓰이지 않는 공공기관이나 교통기관 등의 공식 계정을 팔로하면 된다. 이렇게 혼자서만 사용하는 계정을 만들 수 있다. 그리고 설정 메뉴로 들어가 내 트윗을 비공개로 설정한다. 자물쇠로 잠가서 남들은 볼 수 없도록 만드는 것이다.

이 혼자만의 계정에서 자신이 생각한 것, 느낀 것을 계속 써 내려간다. 오늘은 좀 힘들다 싶으면 "아…… 힘들다!"라고 솔직한 감정을 뱉어낸다. 아무도 보지 못한다는 전제 아래 일단 자신의 감정을 눈에 보이게 글자로 표출해 갑갑한 마음을 해소하는 것이다.

어떤 감정이든 한번 밖으로 뱉어내고 나면 그 상태에 계속 머무르지 않게 된다. 막연히 괴롭기만 하던 고민거리도 글자로 써서 다시 보면 정리가 되고 무엇이 문제인지가 명확하게 보여 마음이 개운해진다. 또 자신의 감정을 글로 적어서 바라보면 '뭐야, 별거 아니잖아' 싶기도 하고 초조하게 마음 태우던 일도 냉정하게 '뭐 어때. 괜찮아'라고 생각하게 된다. 심지어 '그러면 이렇게 하면 되잖아?'라며 스스로에게 들려줄 만한 객관적인 충고가 머릿속에 떠오르기도 한다.

꼭 트위터여야만 하는 건 아니다. 자신의 본심을 시각화할 수 있는 수단이라면 무엇이든 상관없다. 인터넷을 사용하지 않고 전용 노트에 써도 된다. 어떤 방식으로든 표출할 수 있다면 자신의 감정에서 무언가를 발견한 뒤 그것을 다시 앞으로

· 감정은 쌓아두지 말고 그때그때 발산한다 ·

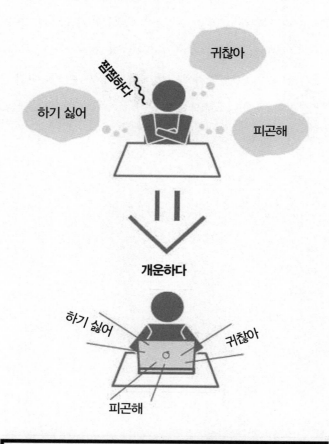

눈에 보이는 형태로 발산하면 무거운 기분이 사라진다

나아가는 에너지로 바꿀 수 있다.

노력을 계속해나가지 못하는 사람 중에는 밑도 끝도 없이 '나는 못난 사람이다'라고 생각하면서 이를 사실처럼 믿어버리는 사람이 많다. 자기 감정의 움직임을 객관적으로 관찰하는 것은 이 근거 없는 편견에서 벗어나는 방법 중 하나이다. 간단한 방법이니 꼭 시도해보길 바란다.

POINT

버거운 감정은 글자로 써서 해소한다.

09

성과보다
눈앞의 과제에 집중하라

　앞에서 우리 주위에 있는 것 중에는 내 힘으로 조절할 수 있는 것과 없는 것이 있다고 이야기한 바 있다. 노력의 방법이나 방향성은 내가 조절할 수 있는 것에 속한다. 그러나 '성과'는 내 능력만으로 조절할 수 없다는 것을 명심하자.

　일을 할 때는 반드시 상대방이 있고, 내가 아무리 좋은 조건의 제안을 하더라도 최종적으로 받아들일 것인가의 여부는 상대방에게 달려 있다. 시험에서도 출제자가 최종적으로 어느 부분을 어떻게 평가할지, 경쟁자들의 점수가 얼마나 높을지는 내 힘으로 조절할 수 있는 부분이 아니다.

　그러니 내 힘으로 어쩔 수 없는 성과에 집착하기보다는 내

가 처한 상황을 냉정하게 파악하면서 당장 눈앞에 있는 과제
를 확실하게 소화하는 것에 의식을 집중해야 한다.

🔍 중간 단계의 결과는 앞으로를 위한 발판이다

목표를 향해 노력하는 과정에서 평가를 받고 결과를 알게
될 기회가 종종 생길 수 있다. 학생이라면 정기시험과 모의시
험을 치러야 하고 사회인이라면 정기적으로 성과 평가를 받게
된다. 그런 중간 단계의 결과에 너무 예민하게 반응하지 않도
록 하자. 이미 나온 결과는 바꿀 수 없다. 그렇기에 받아들이는
수밖에 없다.

그 결과를 보고 왜 이렇게 되었을까 하면서 전전긍긍하거나
제대로 평가받지 못했다며 반발한다고 해도 결과는 달라지지
않는다. 따라서 이를 다음에 더 좋은 성과를 얻기 위한 발판으
로 생각하고 어떤 결과든 그대로 수용하는 것이 중요하다. 어
디까지나 더 좋은 결과를 만들어나가는 데 도움이 되는 피드
백으로서 담담하게 받아들이면 된다. 받아들인 후, 냉정하게
분석하는 것이다.

이미 끝난 일이니 다 잊어버리고 넘어가자는 사람도 가끔

있지만, 이는 그러한 태도와는 약간 다르다. 내 예상과 다른 결과가 나왔다면 그렇게 된 원인이 반드시 있을 것이다. 그것을 확실하게 알아두지 않으면 다시 같은 실패를 거듭할 수 있다.

결과가 이렇게 나온 이유는 무엇인가? 방향성, 동기, 자원 중 무엇이 부족했는가? 무엇의 영향을 받았는가? 이런 점에 대해서 한 번은 확실히 짚고 넘어가야 한다.

🔍 실패에서 성공의 필요충분 조건을 추출한다

결과가 좋지 않았다면 거꾸로 지금이 기회라고 생각하라. 나 역시 항상 만족스러운 결과만 받았던 것은 아니다. 생각보다 결과가 좋지 않았을 때일수록 진지하게 다방면에서 문제점을 찾아보고 여러 사람에게 솔직한 의견을 구했다.

"그 목표가 너에게는 무리 아니야?"라는 부정적인 말을 들을 때도 있었다. 하지만 그럴 때는 상대방의 예상을 뒤집고 그에게 대단하다는 말을 듣고야 말겠다고 결심하면서 이를 긍정적인 동기 부여의 기회로 삼았다.

그 순간에는 상처를 받고 의기소침해질 수도 있을 것이다. 그러나 중요한 것은 최종적으로 목표를 달성하는 것이다. 도

중에 어떤 결과가 나오든, 무슨 말을 듣든, 최종적으로 내가 원하는 목표를 달성할 수 있다면 아무래도 좋은 일이다.

끝까지 노력해서 원하는 결과를 얻어내고자 하는 과정에서 실패는 당연히 있게 마련이다. 오히려 없는 편이 이상한 것 아닐까? 아홉 번 실패했다면 열 번째 도전하는 것이 겁이 날지도 모른다. 그러나 인생에서 도전하는 데 횟수 제한 같은 건 없다. 내 인생을 사는데 그 정도는 내 마음대로 할 수 있어야 하지 않을까?

몇 번을 실패해도 상관없다. 그때마다 성공하기 위한 필요충분 조건을 하나씩 발견하게 될 것이다.

POINT
모든 결과가 좋을 수만은 없음을 받아들여라.

1장 요약

- 내 힘으로 바꿀 수 있는 것과 없는 것을 구분한다.
- 무턱대고 열심히만 할 것이 아니라, 핵심을 발견해 효율적으로 노력한다.
- 자신이 사용할 수 있는 모든 시간을 찾아내 사용방법을 생각한다.
- 실제로 만나거나 책을 읽는 등의 수단을 통해 내가 되고 싶은 목표와 가까운 사람을 만난다.
- 노력을 자동화하기 위해 가장 힘든 최초의 3일을 극복한다.
- 욕심을 버리고 짧은 기간이라도 괜찮으니 실행하여 습관을 만든다.
- 괴롭고 힘든 기분은 쌓이기 전에 해소한다.

2장

노력을
자동화하는
7가지 규칙

노력을 쉽고
당연한 것으로
만드는 비법

생각하면서 행동으로 옮기는 것은 쉬운 일이 아니다.
이번 장에서 소개하는 7가지 규칙을 따라 노력을 자동화시켜라.
의식하지 않아도 몸이 저절로 움직이기 시작할 것이다.

01

무엇을, 어떻게,
언제 할 것인가를 정하라

나는 분명히 나름대로 노력하고 있는데 결과가 좋지 않다.
그 이유는 무엇일까?

이런 식으로 어떤 일의 원인이 무엇인지를 찾아가는 심리적
인 과정을 가리켜 심리학에서는 '인과귀인causal attribution'이라
고 한다. 인과귀인 이론에서는 운이나 환경 같은 외부의 요소
에서 원인을 찾는 경우와 능력과 노력 같은 내부의 요소에서
원인을 찾는 2가지 경우가 있다.

원인을 내부에서 찾는 경우, 능력 같은 안정요소(자신의 힘으
로는 바꿀 수 없는 것)에서 원인을 찾기보다는 노력 같은 불안정
요소(자신의 힘으로 바꿀 수 있는 것)에서 원인을 찾는 편이 동기

를 부여하는 데 더 강하게 작용하는 것으로 알려졌다. '다음번에는 더 열심히 해야지'라고 생각하기 때문이다.

다만 여기서 주의해야 할 것은 실패한 이유를 '노력이 부족했기 때문'만으로 치부해서는 안 된다는 점이다. 아무리 강한 동기를 품었다고 해도 여러 번 좌절을 거듭하다 보면 앞장에서 설명했던 것처럼 학습된 무기력에 빠져 결국 노력을 싫어하게 될 수 있다. 이를 방지하려면 왜 노력하지 못했는지, 그 원인을 찾아내 구체적인 대책을 마련해야 한다.

🔍 스스로에 대한 신뢰감을 쌓는다

노력을 유지하려면 무엇을What, 어떻게How, 언제When 할 것인지를 명확하게 정해둘 필요가 있다. 이 3가지를 분명히 정하지 않으면 매번 언제부터 무엇을 어떻게 시작하면 좋을지를 고민해야 하는 스트레스가 더해진다. 이래서는 노력이 지속될 수 없다.

또 무엇을 어떻게 언제 할 것인지를 정하지 않으면 그때그때 마음 내키는 것을 닥치는 대로 하게 되기 때문에 노력의 효율성이 떨어진다. 노력을 한다고 무조건 그만큼 성과가 나오는 것이 아니라, 분명한 방향성이라는 지렛대가 있어야 최대의 성과를 거둘 수 있다는 것을 먼저 인식하라. 결과가 좋지 않을 때 '노력하지 않았기 때문'이라고 착각하기 쉽지만 그것은 사실이 아니다.

케임브리지 대학원 재학 시절 나는 교육심리학 연구 분야 권위자인 린다 하그리브스Linda Hargreaves 박사의 가르침을 받았다. 그가 강조하던 개념 중에는 '자기효능감self-efficacy'이라는 것이 있다. 자기효능감이란 자존심과 비슷한데, '나는 무엇이든 할 수 있는 인간이다'라고 생각할 수 있는 감각을 말한다.

스스로 정한 목표가 있을 때 그것을 달성할 수 있다는 감각을 갖고 있는가, '나'라는 인간에 대해 기대감을 품고 있는가의 여부가 노력을 지속시키는 열쇠가 된다. 노력해야 한다고 마음만 졸이면서 노력했다가 말았다가 하는 나날을 보내는 사람에게는 이런 기대감이 성장하지 않는다.

🔍 무엇을 할지만 생각하면 실패한다

"노력이 부족한 탓입니다"라는 말을 무심결에 입버릇처럼 하고 있다면 아직 노력의 본질을 파악하지 못하고 있다는 뜻이다. 그럴 때는 내가 노력할 수 있는 방법을 찾는 데 의식을 집중하자. '무엇을, 어떻게, 언제' 이 3가지를 정하는 것이 핵심이다.

노력을 지속하는 것이 중요하다고는 하지만, 노력이 향하는 목표점이 명확하게 설정되어 있지 않으면 제대로 노력하고 있다는 실감이 나지 않는다. 언제까지 무엇을 어떻게 해내면 목표에 도달할 수 있을지가 분명히 보이지 않으면 노력하는 과정에서 만족감을 느낄 수 없고, 그러면 노력하기가 더욱 어려워져 결국 지속하지 못하게 된다.

노력을 지속하지 못하는 사람은 대개 '무엇을 할까'에 너무 큰 비중을 두는 경향이 있다. 무엇을 할지만 정하고 '언제', '어떻게' 노력할 것인지는 생각하지 않기 때문에 노력이 지속되지 않는 것이다.

이를테면 영어 공부를 한다고 해보자. 토익 시험을 대비해 청해와 독해 점수를 올리겠다는 목표를 세웠다. 그때 '무엇을 할까'만을 생각하는 사람은 일단 유명한 토익 교재를 구입한다. 교재를 구입한 첫날은 의욕이 넘쳐서 공부를 시작하겠지만, 결국 교재 앞부분만 조금 풀어보다가 그대로 방치해버리기 십상이다. 무엇을 할지만 정했을 뿐, 다른 요소를 전혀 생각하지 않았기 때문이다.

제대로 노력하고 싶다면 내가 토익에서 받고 싶은 점수를 정하고, 그 점수와 현재의 내 실력 사이에 어느 정도의 격차가 있는지를 확인해야 한다. 그 후 격차를 좁히기 위해 무엇을 몇 시간 공부해야 할지 생각하는 과정이 필요하다. 그러고 나서 는 내가 시험 당일까지 얼마나 시간을 낼 수 있는지를 계산해 서 공부할 분량을 정한다. 교재의 3장에서 5장을(무엇을) 매일 10페이지씩(어떻게) 매일 밤 10시부터 11시 반까지(언제) 풀겠 다는 식으로 계획을 세우는 것이다.

🔎 노력하지 않는 것이 더 힘든 상황을 조성한다

목표를 정하고도 해야 할 것이 너무 많은 것 같아서 시작할 엄두가 나지 않을 때가 있다.

내게는 대학 입시를 준비할 때 일본사 과목이 그랬다. 일본 사 과목을 정말 싫어한 데다 관련 지식이 전혀 없었던 나는 일 단 중학교 교과서부터 구해 펼쳐놓고 무작정 공부를 시작했 다. 그럼에도 당시 내 수준에서는 그마저도 쉽지 않았다. 내게 맞는 새로운 방법이 필요했다.

나는 우선 역사를 시대별로 나누고, 시대를 다시 잘게 쪼개

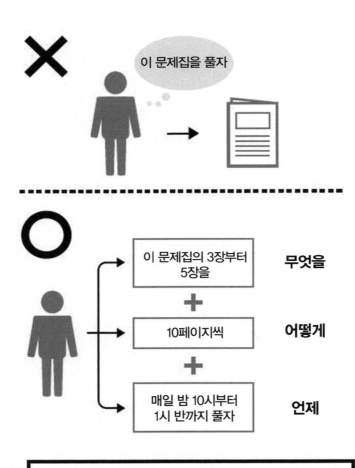

서 1시간 안에 공부할 수 있을 정도의 분량으로 나눴다. 비록 싫어하는 과목이었지만 '1시간 안에 몇 페이지부터 몇 페이지까지 하면 된다'라는 작은 목표 지점이 눈앞에 선명히 드러나자 끝까지 집중할 수 있었다. 이처럼 속도는 느릴지라도 확실히 앞으로 나아가고 있다는 인식을 갖는 것이 중요하다.

매일 해야 하는 일의 양(무엇을)과 시간(언제)이 정해져 있어야 비로소 할 마음이 생긴다. 그리고 그 의지를 지속시키기 위해서는 '어떻게' 할 것인가를 궁리해야 한다.

이 '어떻게'에는 매일 해야 하는 일의 분량을 정하는 것 외에도 노력할 수 있도록 도와주는 다양한 보조적 방법이 포함된다. 동기를 유지하는 방법에 대해 이 책에서 여러 가지를 소개할 텐데, 자기효능감을 높이는 것도 그 방법 중 하나다.

계획한 하루의 할당량을 성공적으로 완수하게 되면 자신에 대한 신뢰감이 점차 강화되어 노력에 더욱 탄력이 붙는다. 그날의 목표를 달성하는 경험을 거듭하다 보면 나도 모르는 사이 이제는 노력하지 않는 것이 더 힘든 상태가 되어 있을 것이다.

POINT
무엇을, 어느 정도의 속도로, 몇 시부터 몇 시까지 할지를 정한다.

지금 하는 일을
꾸준히 기록하라

어떻게 하면 자기효능감, 즉 '나는 목표를 달성할 수 있다'라는 자신감을 키울 수 있을까?

노스캐롤라이나 대학의 교육심리학자인 데일 션크Dale Schunk에 의하면, 자기효능감을 향상시키고 유지하려면 다음과 같은 4가지 조건이 필요하다고 한다.

첫째, 스스로 목표를 설정한다.

둘째, 피드백을 받을 수 있다.

셋째, 진행 과정을 관리받을 수 있다.

넷째, 열심히 하기만 하면 달성할 수 있다는 의식이 있다.

이 4가지 조건이 충족되면 자신의 행동을 스스로 통제할 수 있다고 의식하게 되므로 노력을 유지할 수 있다는 것이다.

🔍 피드백이 강력한 동기가 된다

일이 순조롭게 진행되고 있음을 스스로 느끼고, 자신의 성장 정도를 확인할 수 있으며, 어느 정도 진척되었는지를 알 수 있고, 그러면서도 목표를 달성할 수 있다는 확신을 품고 있다면 내 의지대로 몸을 움직일 수 있다.

반면 정말로 목표에 가까워지고 있고 내가 제대로 하고 있다는 확신이 없으면 그만 발걸음이 멈춰진다. 유명한 교재를 사와서 무턱대고 풀기 시작했지만 오래 지속되지는 않는 경우가 바로 이 상태다.

다이어트를 할 때도 같은 현상이 일어난다. 유용하다는 다이어트 방법이란 방법은 다 실행하지만 하나같이 효과가 없다. 성과가 없어서 더 좋다는 방법을 찾아 시도해도 역시 실패만 거듭하게 될 뿐이다. 이런 과정을 반복하는 사람이 얼마나 많은지 모른다.

이런 일이 일어나는 건 그 다이어트 방법들이 잘못되었기 때문이 아니다. '무엇을 할 것인가'를 정했을 뿐 '피드백을 어떻게 받을 것인가', '어떻게 진행 상황을 관리할 것인가'를 정하기 않았기 때문에 그 어떤 방법도 성과로 이어지지 않았던 것이다.

자신의 체중과 그날 먹은 음식을 기록으로 남기는 레코딩 다이어트는 의외로 효과가 좋고 다른 방법에 비해 지속하기 쉽다는 평가를 받고 있다. 심리학적으로 납득할 만하다. 뚜렷한 피드백을 받을 수 있는 방법이기 때문이다. '내가 무엇을 했는가'와 '그 결과'가 눈에 보이는 것만으로도 강력한 동기가 된다.

다이어트와는 달리 매일 피드백을 얻기 어려운 노력도 있을 것이다. 하지만 내가 지금 무엇을 어느 정도 했는지를 기록으로 남기는 것은 자신의 행동을 스스로 조절할 수 있다는 인식으로 이어지기 때문에 노력을 지속하는 데 매우 효과적이다.

POINT

노트나 컴퓨터를 이용해 매일 간단한 기록을 남긴다.

03

작은 도전을 통해
성공을 체험하라

임상심리학에는 '코핑 퀘스천coping question' 즉 '대처질문'이라는 것이 있다. 여기서 코핑coping이란 문제에 대처한다는 의미의 임상심리학 용어다. 문제에 직면해 있는 내담자client로부터 '어떻게 대처할 것인가'라는 구체적인 해결책을 이끌어내기 위해 하는 질문을 뜻한다.

그 방법 중 하나가 과거의 성공 체험을 떠올리게 해 그것이 가능했던 이유를 자문하게 함으로써 자신감을 회복시키는 것이다. 이 방법은 노력을 지속시키는 데도 활용할 수 있다.

평소 생활하면서 딱히 노력하지 않았는데 꾸준히 지속하고 있는 것은 없는가? 아무리 작은 것이라도 상관없다. 지금은 지속하고 있지 않더라도 과거에 어째선지 이것만은 자연스럽게 계속할 수 있었다는 경험이 없는가?

일상생활 속에서 지속하려고 그다지 노력하지 않는데 지속되고 있는 것은 없는가? 아무리 작은 것이라도 상관없다. 또는 과거의 체험 중에서 어째선지 이것만은 자연스럽게 지속할 수 있었다고 할 만한 일은 없는가?

성공했던 기억을 떠올리면 '나도 얼마든지 성공할 수 있다'라는 확신을 가질 수 있고, 따라서 자기효능감이 커진다.

🔍 경험으로부터 나에게 맞는 방법을 찾아낸다

성공 경험을 떠올렸다면 그 행동을 지속할 수 있었던 이유가 무엇인지 자문해보라. 내가 지금까지 자연스럽게 쭉 해올 수 있었던 일, 힘들었지만 극복하고 지속했던 경험을 샅샅이 탐색해서 그 이유를 찾아낼 수 있다면 지금의 노력을 지속시킬 수 있는 실마리로 삼을 수 있을 것이다.

예전에 대입을 앞두고 열심히 공부할 수 있었던 것은 매일 정해진 시간에 공부하는 환경이 만들어졌기 때문일지도 모른다. 그렇다면 이번에도 정해진 시간에 노력할 수 있는 환경을 갖추면 된다. 학창 시절 매일 책을 읽는 습관이 있었던 것은 주위에 함께 책에 관해 이야기할 수 있는 친구가 있었기 때문일지도 모른다. 그렇다면 지금 하고 있는 노력에 대해서도 함께 이야기할 수 있는 친구를 사귀거나 SNS 등을 통해 매일 진행 상황을 공유하는 방법을 시도해보자.

🔍 작은 도전을 시도한다

아무리 과거를 되짚어봐도 지속적으로 무언가를 하는 데 성공한 기억이 없다는 사람이 있을 수 있다. 상관없다. 지금부터 소소한 성공 체험을 쌓아가면 된다.

이때, 무언가를 시도하는 것을 대단한 일로 생각하지 않는 것이 중요하다. 우선은 사소한 도전이 필요한 일을 해보자. 내가 노력하고 싶은 일과 관계된 것이라면 가장 좋지만, 그다지 관계없는 일이라도 상관없다. 도전에 성공하는 것 자체가 자기효능감을 키워주며 다른 도전을 할 때도 도움이 된다.

이를테면 평소 아침 7시에 일어나는 습관이 있다면 1시간 앞당겨 6시에 일어나는 것을 우선 1주일만 해보자. 혹시 순조롭게 진행되지 않더라도 내게 문제가 있는 것이 아니라 '설정'이 잘못된 것이라고 생각하라. 6시에 일어나지 못했다면 6시

· 실패하면 어떻게 하지? ·

작은 도전
목표

6시에 일어난다

실패했다

새로운
접근 방법

목표를 6시 반으로 낮춘다

30분 일찍 잔다

노력이 계속된다

정신력으로 극복하려 할 것이 아니라
구체적인 대책을 세운다

라는 설정을 잘못한 것이니 6시 반으로 설정을 바꿔본다. 또는 일어나는 시간은 6시 그대로 두되 잠드는 시간을 30분 앞당겨 본다. '더 노력해서'가 아닌 다른 방법으로 재도전하는 것이다.

정 안 될 때는 처음 1주일은 다른 사람에게 깨워달라고 부탁하는 것도 좋다. 그렇게 해서라도 일단 성공의 궤도에 오르면 노력하기가 한결 쉬워진다. 온전히 혼자 힘으로만 노력할 필요는 없다. 그런 발상을 떠올리는 순간 노력이 괴로워지기 시작하고 괴로워지면 더 이상 노력을 지속하지 못한다.

노력하는 목적이 '힘듦과 괴로움을 체험하는 것'은 아니다. 노력의 목적은 목표를 달성하는 것이다. 그러기 위해서는 내가 가진 자원을 최대한 활용해 조금이라도 편하게 노력을 계속해야 한다. 내가 가진 자원에는 도움을 주는 사람도 포함된다.

POINT

실패했다면 더 노력하는 것 이외의 방법으로 재도전한다.

고통스러운 희생을 앞세워라

무언가를 하겠다고 결심을 하고 나서도 항상 도중에 좌절하고 중단하는 사람이 있다. 그렇다고 다른 큰일이 생겼던 것도 아니고 그냥 정신을 차려보니 흐지부지 끝나버린 경우가 대부분이다. 이를 방지하는 전략으로 써볼 만한 방법이 있다. 바로, '희생 앞세우기'이다.

목표를 정하고 노력을 시작할 때 먼저 돈을 투자하거나 아끼던 것을 버리는 등 목표를 위해 희생할 것을 정하는 것이다. 영어 회화 공부를 하겠다는 목표를 세웠다면 학원 강의 6개월 과정을 선결제하는 것이 좋은 사례다. 그저 영어 회화 공부를 하겠다고 결심만 하면, 이런저런 핑계를 대면서 미루다가 곧

포기해버리기 쉽다. 그러나 미리 학원비를 입금해버리면 학원비가 아까워서라도 노력을 지속할 수 있게 된다.

🔍 희생을 앞세워 자신을 궁지에 몰아넣는다

내 경험을 예로 들자면, 나는 원래 살이 찌기 쉬운 체질이다. 어렸을 때는 먹고 싶은 욕구를 절제하지 못해서 아이스크림 패밀리 사이즈를 혼자서 다 먹어치웠고, 반에서도 가장 뚱뚱한 아이였다. 케임브리지 대학원 유학 시절엔 체중이 83kg이나 나갔다. 그렇다고 키가 엄청 크거나 근육이 많지도 않은데 말이다.

그러다 문득, 앞으로 사람들 앞에 나서서 이야기할 일이 있을 텐데 살을 빼지 않으면 보기에 좋지 않겠다는 생각이 들었다. 그래서 다이어트에도 내가 노력할 때 사용하는 방법을 써보기로 했다.

특히 희생 앞세우기 전략이 효과가 있었다. 다이어트를 하겠다고 결심한 날 나는 먹지 않기로 결심한 음식들을 냉장고에서 꺼내 모두 내다버렸다. 식이제한을 시작하면 집에 있는 음식 중에 먹지 못하게 되는 것이 나올 테니 그것을 희생물로 삼아 미리 처분해버리는 것이다. 탄수화물과 과자류는 마음을 굳게 먹고 전부 버렸다. 그것도 하나하나 정확히 눈으로 확인하면서 버렸다. 그렇게 함으로써 내가 이 모든 것을 버리고 있다는 사실을 강하게 의식하는 것이다.

'내가 어떤 희생을 치렀는데……'와 같은 생각을 하게 되면 지금 하고 있는 일을 열심히 해야겠다는 마음이 저절로 든다. 이 방법으로 나는 5개월 만에 20kg 이상을 감량했다.

🔍 도망갈 구석을 모두 차단한다

대학 입시를 준비할 때는 TV, 만화책, 게임기를 모두 처분했다. 솔직히 TV까지 버리지는 못했지만, 케이블을 전부 뽑아 리모컨과 함께 부모님께 맡겨버려서 내게는 버린 것이나 다름없는 상태로 만들었다. 만화책과 게임기는 헌책방에 팔았다. 나는 그렇게까지 못했지만, 파는 것보다는 버리는 쪽이 희생을 의식하게 하는 효과가 더 크다.

노력을 하다 보면 스트레스가 쌓일 수밖에 없는데, 사람이란 그럴 때 도망갈 구석을 찾게 된다. 다이어트를 할 때 너무 배고프니 딱 하나만 먹겠다면서 꺼낸 간식, 공부를 할 때 잠시

쉬기 위해 튼 TV나 잠깐 볼 요량으로 꺼낸 만화책 등이 이에
해당한다. 따라서 희생 앞세우기는 그런 '도망갈 구석'을 차단
함으로써 심리적으로 반드시 할 수밖에 없는 상황으로 나 자
신을 몰아넣는 효과가 있다.

POINT

희생이 클수록 할 수밖에 없다는 마음도 강해진다.

05

항상 제한된 시간 안에
움직여라

　공부나 일을 할 때 기한이 며칠 남지 않은 상황일 때와 앞으로 얼마든지 시간이 있다고 할 때, 어느 쪽이 더 의욕이 생길까? 뇌의 구조를 생각하면 어느 정도의 긴장감이 있을 때 집중이 더 잘 된다. 반대로 시간 제약 없이 언제까지 하든 상관없는 상황에서는 좀처럼 집중하는 스위치가 켜지지 않는다. 결국 집중력이 가장 커지는 건 적당한 긴장감이 있고 조금만 열심히 하면 목표를 달성할 수 있겠다는 생각이 들 때이다.

　자연스럽게 집중력이 높아지는 상황을 만들기 위해서는 우선 나에게 주어진 시간이 얼마나 되는지를 파악해야 한다. 집중이 잘 되지 않아서 꾸준히 노력하지 못하겠다는 사람을 보면 자신에게 시간이 얼마나 있는지를 모르는 경우가 많다.

하루 24시간은 우리 모두에게 공평하게 주어진다. 아무리 노력해도 시간을 늘릴 수는 없다. 24시간이라는 제한된 시간을 유용하게 활용하지 않으면 아무것도 이룰 수 없는 것이다.

우선 시간 그 자체가 한정된 귀중한 자원이라는 점을 명심하자. 이를 의식하지 않은 상태에서는 시간을 어떻게 배분하고 이용할 것인지에 대한 발상이 떠오르지 않는다.

기본적으로 나는 공부를 하려면 아침 시간을 잘 활용하라고 제안한다. 아침 시간은 대부분의 사람에게 제약이 있는 시간대이기 때문이다. 반면 밤 시간은 상대적으로 여유를 부리다 공부를 미루게 되기 쉽다. 제한 없이 기한을 연장할 수 있는 상태에서는 할 일에 집중하기 힘들다.

🔎 같은 시간이 주어져도 성과는 사람마다 다르다

시간은 한정된 것이라는 대전제 아래서 노력을 지속하는 데 가장 중요한 것은 무엇일까? 무엇이 나에게 중요한가를 판단하는 것이다.

나는 대학 입시 준비를 하면서 이를 알게 되었다. 경영인들의 책을 읽으면서 시간 관리의 중요성에 눈을 뜨게 된 것이다.

그 전까지는 같은 시간이 주어졌을 때 어떤 사람은 성과를 올리고 어떤 사람은 그러지 못하는 이유가 원래 가지고 태어난 능력이 다르기 때문이라고만 생각했다.

그러나 사실은 달랐다. 내가 사용할 수 있는 시간을 가능한 한 정확하게 파악하고 그 시간 안에 무엇을 어느 정도의 속도로 해내면 성과를 낼 수 있을지 생각해봤는가? 바로 그 여부가 차이를 만든다는 것을 알게 된 것이다.

🔍 내가 가진 모든 시간에 할 일을 배분한다

언제, 무엇을 할 것인가를 자세하게 정하는 것이 중요하다는 이야기는 앞에서도 했다. 이때 내가 가진 시간을 파악하는 것이 핵심이다. 예를 들어 기한을 1주일 앞둔 상황에서 목표를 달성하기 위해 '노력에 사용할 수 있는 시간'을 얼마나 확보할 수 있는지를 파악하지 못하면 계획을 세울 수가 없다.

우선 내가 매일 사용할 수 있는 시간이 몇 시부터 몇 시까지인지를 명확하게 파악해야 한다. 그러고 나서 내가 해야 하는 일을 항목별로 나열해보자. 대학 입시를 준비하고 있다면 국어, 수학, 사회, 과학, 영어……. 영어는 다시 문법, 독해, 작문 등 분야별로 나뉜다. 이렇게 공부해야 하는 항목이 모두 10개라고 하자. 1주일 동안 확보할 수 있는 '노력할 수 있는 시간'이 20시간밖에 안 된다면 한 항목에 할당할 수 있는 시간은 2시간에 불과하다. 목표 달성까지 남은 기한을 생각했을 때 이 정도 시간으로 충분할까? 특히 내가 어려워하는 과목이 있어서 좀 더 공부하고 싶다면 성적이 좋은 과목에 배분한 시간을 줄여서 어려운 과목에 투자하는 식의 조정도 필요하다.

목표까지 남은 여정을 전체적으로 파악하고 시간을 세분화하여 각 시간의 용도를 명확하게 구분하면 항상 제한 시간 안에서 움직이게 된다. 어떨 때는 목표에 따라서 시간이 부족할 수도 있다는 사실이 드러나기도 한다. 이는 다시 적당한 긴장감으로 작용해 집중력을 올리는 데 도움이 된다.

이렇게 시간을 관리하면서 할 일을 적절히 배분한다면 목표로 향하는 길이 보이기 시작할 것이다.

POINT

할 일과 시간을 작은 단위로 쪼개어 관리한다.

06

지루한 작업은
짧게 반복하라

　시간 관리에 있어서 중요한 것은 각 항목에 적당한 시간을 배분하는 것이다. 단어 암기를 한다면 긴 시간 동안 한 번 하는 것보다 횟수를 늘리는 쪽이 효율이 높다. 따라서 1시간을 통째로 투자하기보다는 15~30분 정도의 짧은 시간을 할당해 반복하는 편이 좋다. 암기는 단조로운 작업이기 때문에 한 번에 오래 하면 뇌가 피로해져서 애써 외워도 기억에 오래 남지 않기 때문이다.

　반대로 독해를 할 경우엔 어느 정도 긴 시간을 확보해서 집중하는 것이 좋다. 이럴 때는 60~90분 정도를 한 번에 투자하는 시간의 단위로 삼아라. 해야 하는 일이 단순 작업인지 사고력을 필요로 하는 작업인지에 따라 시간을 활용하는 방법이 달라진다.

이 밖에도 하루 24시간을 유용하게 사용하는 측면에서 볼 필요도 있다. 만약 논리적으로 깊이 생각해야 하는 일이거나 예전엔 없었던 새로운 아이디어를 떠올려야 하는 작업일 경우, 가장 중요한 것은 집중력이다. 따라서 이런 작업은 뇌가 활발하게 움직이는 아침 시간에 하는 것을 추천한다. 밤 시간은 그날 들어온 정보로 뇌가 가득 차 피로한 상태이기 때문에 암기 같은 단순 작업을 하는 데 할애하는 편이 좋다. 정해진 일과 사이에 잠깐씩 생기는 틈새 시간도 단순 작업을 하기에 적합하다. 나 역시 예전부터 지금까지도 단어 암기는 이런 틈새 시간을 이용해서 하고 있다.

하루 일과 전체를 파악해보면 반드시 어딘가에 어중간하게 남는 틈새 시간이 있게 마련이다. 그런 시간도 단순 작업을 하는 데는 얼마든지 유용하게 이용할 수 있다. 내가 해야 하는 일을 미리 단순 작업과 사고思考 작업으로 나누고, 언제 무엇을 할 것인가를 확실하게 정해두면 지루한 단순 작업도 효율적으로 해낼 수 있다.

🔍 스마트폰은 대책 없는 시간도둑

하루 일과를 전체적으로 파악할 때는 평소에 어떤 시간도둑이 얼마의 시간을 훔쳐가고 있는지를 함께 확인해보자.

최근 가장 많은 피해를 발생시키는 시간도둑은 바로 스마트폰이다. SNS나 소셜게임 같은 것은 심심풀이나 기분전환에 유용할 수 있지만, 한정된 시간 안에 달성하고 싶은 목표를 가지고 있는 사람이라면 특히 주의해야 한다. 별 생각 없이 스마트폰으로 SNS에 접속했다가 정신을 차리고 보니 막대한 시간을 빼앗겼다 싶은 경우가 종종 생기기 때문이다. 기분전환도 할 겸 5분만 하려고 게임 앱을 실행시켰는데, 어느 새 몇십 분이 흘러버리는 일도 많다.

이 같은 어이없는 일이 생기지 않게 하려면 애초부터 시간도둑을 멀리해야 한다. 그중에서도 가장 확실한 방법은 물리적으로 그것을 할 수 없게 만드는 것이다. 그 시간도둑이 스마트폰의 게임이라면 앱을 삭제하라. 완전히 할 수 없게 만들기 힘들다면 쉽게 하지 못하게 만드는 것이 차선책이다.

SNS라면 매일 로그아웃하는 습관을 들여라. 별것 아닌 방법이 효과가 있을까 싶겠지만 다시 로그인을 해야 한다는 번거로움이 SNS를 여는 빈도를 줄인다. 내가 가르치고 있는 학

• 뇌를 효율적으로 사용하는 시간 관리 기술 •

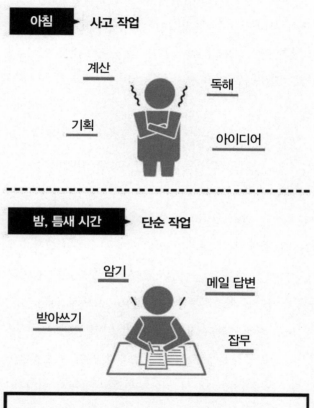

아침 ▸ 사고 작업

계산

독해

기획

아이디어

밤, 틈새 시간 ▸ 단순 작업

암기

메일 답변

받아쓰기

잡무

집중력이 필요한 일은 아침에 몰아서 한다

생 중에는 공부에 집중하기 위해서 아예 계정을 삭제한 이들
도 있다.

요즘 시대에 SNS가 학생들 사이에서 중요한 커뮤니케이션
수단으로 자리 잡은 것은 사실이지만, 내가 해야 할 일과 가진
시간의 총량을 고려한다면, 시간도둑을 쫓아내는 일이 그 이
상으로 중요하다는 것을 알게 될 것이다.

🔍 24시간, 지금 무엇을 하고 있는지를 파악한다

시간도둑을 쫓아버리라는 것이 취미생활을 그만두라는 뜻
은 아니다. 핵심은 내가 시간을 어떻게 사용하고 있는지에 보
다 민감하게 의식을 집중시킴으로써, 나도 모르는 사이 시간
도둑에게 시간을 빼앗기는 것을 조금이라도 방지하는 것이다.

시간도둑은 잠시라도 내가 빈틈을 보이면 들어와 시간을 빼
앗아간다. 내가 시간을 관리하지 못하고 있다는 느낌이 든다
면 내가 무엇을 하는 데 시간을 사용하고 있는지 실시간으로
적어보라. 하루를 보내면서 지금 무엇을 하고 있는지를 차례
로 써보는 것이다.

책상 위에 메모지를 두고 하던 일을 하나 마무리할 때마다

실시간으로 기록을 남겨라. 교통수단을 통해 이동하는 중에도 무엇을 했는지 모두 적는다. 그러면 어떤 시간도둑이 언제 쳐들어와서 원래대로라면 '사용할 수 있었을' 시간이 어디로 사라져버렸는지가 한눈에 들어온다.

POINT

내가 가진 모든 시간을 눈에 보이게 적는다.

07

과연 가능할 것인지
냉정하게 판단하라

내가 계속해서 노력하려고 하는 근본적인 목적은 무엇
인가?

대학 진학, 채용시험 합격, 자격 취득, 일에서의 성공 등 노
력하고자 할 때는 거기에 반드시 목표가 있을 것이다.

중요한 것은 그 목표를 달성하기 위해서 '반드시 필요한 노
력'과 '필요하지 않은 노력'을 판별하는 것이다. 사실 노력 자체
보다 중요한 것은 이 행동을 하는 것이 성과로 이어질 것인지를
냉정하게 생각하고 그 과정을 머릿속에 떠올려보는 것이다.

조금이라도 목표에 가까워지기 위해서는 핵심을 공략하는

것이 중요하다는 것에 대해서는 이미 앞에서 여러 번 강조했다. 아무 생각 없이 무턱대고 내달리는 것도 어떤 사람에게는 기분 좋은 일이 될 수 있다. 그러나 그저 할 만큼 했다는 기분만으로는 목표에 가까워질 수 없는 법이다.

🔍 확실한 성과를 얻기 위한 선택과 집중

핵심을 공략하는 것과 함께 효과를 발휘하는 또 1가지 방법이 있다. 바로 '내가 잘하는 것'을 하는 것이다. 사람에게는 적성과 성향이라는 것이 있다. 적성에 맞지 않는 일은 당연히 지속하기 어렵고 좋은 성과를 내기도 힘들다.

물론 목표에 따라서는 적성에 맞지 않는 일도 반드시 극복해야 하는 경우가 있다. 하지만 피할 수만 있다면 그렇게 하는 편이 목표를 달성할 확률을 높이고 노력의 효율성도 키울 수 있다. 사람에 따라서는 적성에 맞지 않는 정도가 아니라 아예 불가능한 경우도 있으니 그런 면에서 자신의 적성을 객관적으로 파악하는 것이 중요하다.

나의 경우 대학 입시를 준비할 때도 그랬지만 지금도 숫자와 계산에는 매우 서툰 편이다. 그래서 수리계열 과목을 버리고 문과계열 과목만으로 승부를 낼 수 있는가에 초점을 맞춰 지망 대학을 정했다. 그렇게 하지 않으면 하위 10%에서 상위 10%로 단번에 뛰어오르는 것이 현실적으로 불가능했기 때문이다.

학원 경영을 하고 있는 지금도 이러한 성향은 여전하다. 그래서 경영에 필요한 회계수치 계산은 전문가에게 의뢰한다. 내가 주의를 집중해야 할 부분은 숫자 계산이 아니라 계산 결과 드러난 다양한 경영지표를 보면서 문제점을 찾고 개선책을 생각하는 일이기 때문이다. 그러는 편이 훨씬 더 효율적으로 학생과 직원들에게 공헌할 수 있다고 믿는다.

내가 가진 에너지, 시간, 돈과 같은 자원을 어떻게 사용해야 가장 뛰어난 성과를 얻을 수 있을 것인가? 그것을 판단하는 것이 바로 전략이다. 전략 없이 모든 자원을 아낌없이 사용하다 보면 결국 모든 것이 어중간한 상태에 그치게 된다. 자신 없는 일에는 자원을 투자하지 않는 선택도 필요하다는 사실을 다시 한 번 머릿속에 담아두라.

POINT
자신의 적성을 객관적으로 판단한다.

2장 요약

- 무엇을 할 것인가 외에도 언제, 어떻게 할 것인가
  를 정한다.
- 간단한 기록을 남겨서 손쉽게 의욕을 관리한다.
- 노력이 지속되지 않을 때는 설정을 바꿔 재도전한다.
- 희생을 앞세워 물러설 수 없게 만든다.
- 내가 가진 모든 시간에 제한 시간을 설정한다.
- 내가 무엇에 시간을 소비하고 있는지를 항상 인식
  한다.
- 목표를 이루는 것이 정말 가능할지를 냉정하게 판단
  하고 때로는 포기한다.

3장

노력이 저절로
지속되는 기술 ―――――

내 의지대로
몸을 움직일 수 있는
다양한 방법들

노력하는 것을 습관으로 만들 수만 있다면 그보다 좋은 것은 없다.
노력을 습관으로 이끄는 여러 방법 중에서도
가장 극적인 효과가 있는 것만을 여기에 모았다.
이 방법들이 노력을 저절로 지속되게 만드는 데
강력한 무기가 되어줄 것이다.

01

실망시키고 싶지 않은
상대와 약속하라

'노력보다 나은 재주는 없다'라는 말이 있다. 가지고 태어난 재능을 과신하기보다는 열심히 하는 것이 더욱 중요하다는 걸 강조한 이야기다. 하지만 개인적으로는 일본 고유의 정신론이 담겨 있는 것 같아 생각만 해도 숨이 막힌다.

그래서 나는 이 말을 다음과 같이 바꿔서 사용하고 있다.

"습관보다 나은 노력은 없다."

필사적으로 열심히 노력하는 사람보다 강한 사람은 그것을 습관으로 만들어버리는 사람이다. 그 정도로 습관의 힘은 강력하다. 아무리 열심히 하겠다고 다짐해도 노력을 지속해나가는 것은 쉬운 일이 아니다. 확실한 것은 노력의 고통을 정신력으로 극복하기보다는 그것을 습관으로 만드는 쪽에 노력을 기울이는 편이 더욱 성과를 내기 쉽다는 것이다.

그렇다면 어떻게 노력을 위한 행동을 습관으로 만들 수 있을까? 앞으로 소개할 여러 가지 방법을 조합해서 사용한다면 내 의지대로 몸을 움직이는 것이 가능해질 것이다.

우선 자신이 목표로 한 일을 이루는 데 필요한 구체적인 실천 사항들에 대해 다른 사람과 약속하는 방법을 제안한다. 타인과의 약속은 성과를 내는 데 강력한 추진력으로 작용할 수 있다. 특히 '이 사람과 한 약속은 반드시 지키고 싶다'라는 생각이 드는 사람과 약속을 하면 심리적 압박감을 느끼게 되므로 습관을 유지하는 힘으로 작용한다. 이 경우 단순한 친구들보다 내가 약속을 지키지 않을 경우 내가 속한 조직이나 모임에서의 평가가 낮아질 위험 부담이 있는 사람과 약속하는 것이 좋다. 강제력이 더욱 강하게 작용하므로 더 큰 효과가 나타나기 때문이다.

나는 케임브리지 대학원을 졸업하고 귀국한 뒤 실용영어능력검정시험(일본영어검정협회에서 실시하는 시험으로 일본에서 가장 역사가 길고 대중적인 영어 능력 시험-옮긴이) 1급에 응시했다.

결과가 어땠을까? 보기 좋게 떨어졌다. 일본 대학생들에게 영어를 가르치려고 하는 사람이 이래서야 되겠는가 싶어서 나는 내가 경영하는 어학원 직원들 앞에서 이렇게 선언했다.

"다음 시험에서도 1급에 합격하지 못하면 머리를 박박 밀겠습니다."

직원 중에는 내가 머리를 밀어도 잘 어울릴 것 같으니 꼭 보고 싶다고 부탁하는 사람도 있었지만, 그런 말에는 귀 기울이지 않고 다시 도전했다. 다행히 대머리가 되는 일은 없었다. 바로 다음 시험에서 원하는 목표를 달성했기 때문이다. 직원들에게 말만 앞서는 사람으로 인식되고 싶지 않다는 마음이 적당한 압박감이 되어 목표 달성에 효과적으로 작용했던 것이다.

🔍 노력하는 사람과 친해지면 덩달아 열심히 하게 된다

루스 커쉬너Ruth Kershner 교수는 케임브리지 대학교의 심리학자로서 주로 초등교육을 연구하고 있다. 나는 그에게서 환경이 의사결정에 얼마나 큰 영향을 주는지에 대해 배웠다. 커쉬너 교수의 이론에 따르면, 같은 목표를 지닌 사람과 더불어 노력하는 것은 매우 강한 추진력으로 작용한다.

자기효능감을 키우는 방법으로서 심리학에서 증명된 이론 중 하나로 '대리강화 vicarious reinforcement'라는 것이 있다. 이는 내가 달성하고 싶어 하는 목표를 동일하게 가진 다른 사람이 이 목표를 어떻게 성취해나가는지 지켜보다 보면, 더불어 나도 할 수 있겠다는 의욕과 기대감이 강화된다는 이론이다.

예를 들어, 아침에 일어나 공부하는 것을 습관으로 만들고 싶다면 같은 목표를 갖고 있는 사람과 매일 아침 같이 1시간 동안 공부를 하자고 약속하는 것도 방법이다. 이 방법은 다른 사람과 약속을 하면서 동시에 그 사람이 노력하는 모습을 눈앞에서 볼 수 있기 때문에 서로가 노력의 습관화를 돕는 효과를 얻을 수 있다.

POINT

힘든 일로 함께하는 사람이 있다면 자연스럽게 계속할 수 있다.

02

아주 쉬운 것부터
노력이 몸에 스며들게 하라

습관을 만들 때 절대로 빼놓을 수 없는 것이 바로 시간 계획을 세우는 것이다.

앞에서 시간을 세분화하고 각 시간의 용도를 명확하게 구분해서 항상 제한 시간 안에서 움직이는 방법에 대해서 이야기했다. 하지만 그렇게 한다고 해도 좌절하게 되는 일은 얼마든지 생길 수 있다. 그 원인 중 하나는 먼저 내 능력에 비해 지나치게 버거운 계획을 세웠을 때이다.

교육심리학에서 학습자의 능력을 높이는 효과적인 전략으로 '비계설정Scaffolding'이라는 방법이 있다. 건물을 지을 때 인부들의 발판이 되어주는 비계처럼, 학습자 혼자의 능력으로는 불가능한 목표를 타인의 뒷받침을 받아 달성해나가다 보면 나중에는 혼자서도 난이도 높은 목표를 성취할 수 있게 된다는 의미이다.

케임브리지 대학교의 인지발달심리학자인 데이비드 화이트브레드David Whitebread 박사에 따르면, 이러한 습득 과정은 독학에도 똑같이 적용된다. 처음에는 난이도가 낮은 난관을 극복하는 것부터 시작해서 그 경험을 발판 삼아 점차 수준을 높여가다 보면 나중에는 난이도 높은 난관도 극복할 수 있게 된다는 것이다.

🔍 처음에는 발판의 도움을 받아 시작한다

매일 1시간씩 공부하겠다는 다짐이 지속되지 않는다면 하루 30분 공부를 습관화하는 것부터 시작하자. 사고 작업 분야의 노력이 지속되지 않는다면 단순 작업 분야에서부터 노력하는 식으로 내가 쉽게 지속할 수 있는 일로 바꿔본다. 내가 잘하는 일과 못하는 일을 반추해보고 그중에서 심리적으로 더 쉽게 느껴지는 것부터 시도하는 것이다.

예를 들어, 영어를 잘하고 싶다는 목표가 있는데 항상 작심삼일에 그치고 도저히 진전이 없다고 하자. 그렇다면 영어라는 목표를 듣기, 읽기, 문법, 어휘, 작문 등의 요소로 더욱 세분화해서 그중 더 편하게 느껴지는 게 무엇인지를 생각해보자. 듣기가 비교적 편하게 느껴진다면 영어 듣기를 먼저 습관으로 만든다. 그래도 지속되지 않는다면 영어 음원 중에서도 뉴스, 드라마, 영화, 라디오 등 분야를 나누어 그중에서 내가 들을 때 저항감이 덜한 분야를 골라 시작하는 것이다.

공부를 해야 한다는 이유로 갑자기 비즈니스 영어 회화에 도전할 필요는 없다. 처음에는 목표와 관계가 있는 것 중에서 일단 내가 지속적으로 할 수 있는 것을 골라 시작해보자.

🔍 작은 노력부터 시작해 영역을 넓혀간다

습관이란 의식적으로 하는 것이 아니라 몸에 배어 저절로 하게 되는 것이다. 뇌과학 연구에 의하면 인간의 행동 중 95%는 무의식적으로 일어나며 의식적으로 하는 행동은 5% 정도에 불과하다.

큰 목표를 세웠다고 갑자기 강인한 의지가 필요한 노력을 시작하면 몸이 따라오지 않는다. 하지만 사소한 일이라면 처

· 쉬운 일을 계속해서 습관으로 만든다 ·

하루 30분	+	듣기	+	좋아하는 드라마

**이것이 계속되면
조건을 바꾼다**

하루 1시간	+	읽기	+	비즈니스 영어

조금씩 조건을 상향 조정한다

음에 조금만 노력해 지속하다 보면 나중에는 자연스러운 움직임으로 몸에 익는다.

계획을 세우고 시간을 정해 의식적으로 지속하다 보면 점점 무의식적으로 그 행동을 하게 되는 것이다. 이 과정을 반복하면 대부분의 행동은 매번 노력하지 않고도 습관적으로 할 수 있게 될 것이다.

작은 노력을 무의식적으로 할 수 있는 수준으로 습관화했다면 그때부터는 조금 더 자제력이 필요한 일에 손을 뻗어보자. 아침에 30분 일찍 일어나 영어 듣기를 하는 것이 당연한 일로 정착되면, 그 행동이 발판이 되어 그 시간에서 다시 15분 더 일찍 일어나는 것은 쉽게 느껴질 것이다. 매일 영어 듣기를 하는 것이 자연스러워지면 읽는 것도 한결 편하게 받아들일 수 있다.

이렇게 습관화를 의식하면서 조금씩 목표를 높여가면 노력이 자연스럽게 지속될 수 있다.

POINT

쉬운 것을 반복하다 보면 몸이 저절로 움직이기 시작한다.

03
암기하려 하지 말고
암기하라

공부의 다양한 방법 중에서도 암기는 가장 힘들고 많은 노력이 필요한 것이라는 오해를 받고 있다. 그런데 공부를 하려면 일단 무언가를 외우는 것에서부터 시작해야 하는 경우가 상당히 많다. 영어로 능수능란하게 말하기 위해서 영어 단어를 외우는 것이야말로 그 대표 격이라고 할 수 있다. 일을 할 때도 사람들 앞에서 발표를 하기 위해서는 많은 숫자와 사실 관계를 외워야만 하는 상황에 처하기도 한다.

경험상 암기는 단조로운 작업에 해당하므로 작정하고 달려들어 외우려고 하면 할수록 실패하게 되고, 그러기를 몇 번씩 거듭하면 이것 하나 못 하는 나 자신에게 화가 나서 스트레스를 받게 된다.

케임브리지 대학원에 가겠다고 마음먹고 난 후 나는 우선 가지고 있던 교재로 공부를 시작했다. 문제는 영어권 대학원을 목표로 하는 수준의 교재에 실린 단어는 내가 전혀 모르는 것투성이라는 것이었다. 거기에 나온 단어도 모르면서 유학을 떠난다는 건 말도 안 되는 일인데, 그걸 외우기가 그렇게 힘이 들었다. 반드시 해야 하는 일인데 잘 되지 않자 스트레스가 쌓이고 패배의식까지 생겨 암기는 점점 더 힘들어지고 하기 싫어지는 악순환에 빠지고 말았다.

🔍 뇌는 접촉 빈도가 높은 것만을 기억한다

그때 처음으로 나는 '암기하는 데 성공했다'는 것이 무슨 의미인지를 생각해보았다. 머릿속에서 언제든지 꺼내올 수 있는 상태로 정보를 저장하는 것이 아닌가? 나는 어떻게 하면 좋을지 곰곰이 생각했다.

뇌과학 연구에서 밝혀진 바에 따르면, 뇌는 암기하려는 것의 중요도와는 상관없이 단순히 접촉 빈도가 높은 것을 기억한다. 뇌는 '이것은 중요하니까 외우자', '이건 필요 없으니까 잊어버리자'라는 식으로 선택해서 기억하지 않는다는 말이다. 그보다는 반복해서 접한 정보가 자연스럽게 뇌에 정착되어 기억에 오래 남게 된다.

특별히 기억하려고 애쓴 것도 아닌데 자연스럽게 외운 것이 있는가 하면 반대로 중요한 것인데도 도저히 외워지지 않아 난감했던 경험을 누구나 한 번쯤 해봤을 것이다.

일례로, 예전에 나는 새로운 사람을 만날 때마다 그들의 연락처를 일일이 휴대전화에 등록하는 것이 귀찮아서 내 휴대전화의 전화번호부 기능을 사용하지 않았다. 그때 나는 자주 전화를 거는 사람의 번호는 자연스럽게 외우게 되었는데, 정작 내 휴대전화 번호는 외우질 못했다. 중요도로만 따지자면 내 휴대전화 번호가 더 중요하다. 그럼에도 기억에 남은 것은 결국 접촉 빈도가 높은 정보뿐이었다.

🔍 통근행 열차에서 암기와 확인을 반복한다

암기를 했다고 해도 단기적으로는 몇 번이고 잊어버리게 마련이다. 이는 얼마나 열심히 외웠느냐와 관계없이 뇌의 구조상 어쩔 수 없는 일이다. 하지만 접촉 빈도를 늘려 차곡차곡 입력하기를 반복한다면 뇌는 결국 기억하게 된다.

접촉 빈도를 높이는 방법은 여러 가지로 궁리해볼 수 있다. 암기는 반복만이 열쇠라는 사실을 이해하고 난 뒤로 나는 단어를 외울 때 주로 통학 시간을 이용하곤 했다. 단어장을 보면서 전철역 하나를 지날 때마다 암기와 확인을 반복하기 위해서였다. 학교까지는 급행으로 30분, 일반행으로 40분 정도가 걸렸는데, 일부러 일반행 열차를 타도 학교에 늦지 않게끔 여유 있게 집을 나섰다. 일반행 열차 쪽이 앉을 수 있는 확률이 높고, 모든 역에 정차하기 때문에 역 하나를 지나는 시간을 스톱워치처럼 사용할 수 있기 때문이었다. 내가 실천한 방법은 다음과 같다.

잘 외워지지 않는 단어를 20장짜리 단어장에 써서 전철에 탄다. 역 하나를 지나는 동안 반복해서 암기하고, 또 그다음 역까지 가는 동안 카드를 보지 않고 말할 수 있는 단어가 몇 개나 되는지를 확인한다. 매일 같은 전철을 타면서 하다 보면 '어제는 이 역까지 오는 동안 몇 개밖에 못 외웠는데' 하는 식으로 자신의 학습 향상 정도를 쉽게 알 수 있어서 의욕이 샘솟는다. 일정 시간 동안 더 많은 단어를 외우는 데 도전하면서 게임처럼 할 수 있다는 것도 뇌를 활성화시키기 때문에 하면 할수록 효과가 좋다.

TV를 볼 때도 옆에 단어장을 두고 광고 시간이 되면 한 번씩 훑어보는 방법도 있고, 잠시 화장실에 갈 때도 볼 수 있도록 단어장을 따로 준비해두는 것도 도움이 된다. 요리를 한다면 파스타를 삶는 시간도 단어를 외우기 딱 좋은 시간이다.

머리로만 생각하지 말고 짧은 시간 동안 여러 번 반복하라. 나는 이 방법으로 3개월 만에 5,000개의 단어와 어휘를 늘릴 수 있었다.

🔍 가장 편한 상태에서 암기할 때 가장 오래 남는다

1가지 더 깨달은 것이 있다. 암기할 때는 오히려 암기하려고 노력하지 않는 것이 중요하다는 것이다. 이렇게 말하면 모순된 표현 같지만, '이건 반드시 외워야 해'라면서 지나치게 의식하기보다는 뇌를 긴장에서 해방시켜 활짝 열어놓으라는 뜻이다.

최대한 긴장을 풀고 편안한 상태에서 눈앞의 암기에 집중하라. 정신적으로나 신체적으로나 완전히 긴장을 푼 상태가 바람직하므로 잠들기 직전 조용한 시간이 암기하는 데는 가장 좋다. 뇌가 저항감 없이 암기할 내용을 받아들일 뿐만 아니라 수면 중에 머릿속에서 정보가 정리되기 때문에 뇌에 정착하기도 쉬워진다.

　암기를 하려면 제대로 해야지 그렇게 긴장감 없이 외워서는 금방 머릿속에서 사라지지 않을까 의심이 되는 사람도 있을 것이다. 하지만 여러 연구 결과에 따르면, 실제로 완벽을 기하는 방법보다 편한 마음으로 반복하는 방법이 암기한 내용의 뇌 정착률이 높다.

POINT

긴장을 풀고 반복하면 무엇이든 암기할 수 있다.

04

수치로 측정할 수 있는
노력을 하라

효율적으로 목표를 달성하려면 노력의 방향성이 중요하다고
앞에서 이야기했다. 구체적으로 어떻게 하면 노력의 방향성을
올바르게 맞출 수 있을까?

경영관리에서 자주 사용하는 'PDCA 사이클'이라는 용어
가 있다. Plan(목표 설정과 계획), Do(실행), Check(측정과 평가),
Act(개선). 이 4가지 행동을 반복적으로 실행함으로써 효율적
인 성과를 낼 수 있다는 의미다.

이 방법은 업무 조직에서뿐만 아니라 개인의 노력에도 적용
할 수 있다. 목표를 설정하거나 계획Plan 하는 것을 우선해야 하
는데, 즉 '언제까지, 무엇을, 어느 정도로, 어떻게 할 것인가'를

명확하게 하고 그다음으로 실행하는 것이다Do.

🔍 언제 스스로를 평가할 것인지 정한다

대부분의 사람들은 실행하는 데서 그친다. 그러나 더 중요한 것이 있다 그다음의 측정과 평가Check다. 이를 귀찮게 생각하는 사람도 많겠지만 노력의 방향을 정확하게 맞추기 위해서는 반드시 필요한 단계다. 지금 하는 방식대로 계속 진행하면 기한 내에 목표를 달성할 수 있을지 등을 도중에 확인하는 과정이기 때문이다.

목표를 가지고 있는 사람이라면 내가 지금 어디까지 왔는지 중간에 확인해볼 필요가 있다. 특히 독학으로 노력하고 있다면 정기적으로 스스로를 평가하는 과정을 넣어야 한다. 입시 준비를 할 때 모의고사를 치르는 것과 마찬가지다.

이때, 어느 시점에 몇 점을 받아야 하는지 등 구체적으로 기준을 정하는 것이 중요하다. 다이어트를 예로 들자면, 한 달에 4kg을 빼는 것이 목표라면 1주일마다 1kg씩 빠지고 있는지 확인하는 것이다. 중간에 확인 단계를 거친다면 노력의 방향성이 올바른지를 체크할 수 있다.

· 중간에 진도를 확인하는 절차를 도입한다 ·

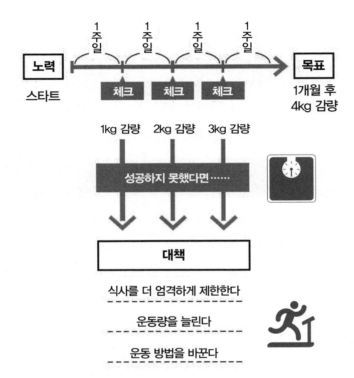

중간에 확인하므로 개선이 가능하다

자격시험 준비처럼 중간에 평가를 받기 힘든 경우라면 '언제까지 이 문제집의 연습문제에서 몇 문제 이상 풀 수 있게 하자'라는 식으로 나름의 목표를 정해두자. 어떤 형태로든 정기적으로 진행 상황을 확인할 수 있는 절차를 갖춰야 한다.

🔍 계획을 세워야 편해지고 확인해야 효율이 올라간다

경영학에서는 '측정할 수 없는 것은 관리할 수 없다'라는 유명한 말이 있다. 성과를 정밀하게 측정하면 그중 뛰어난 방식은 다른 분야에도 응용할 수 있고 잘못된 방식은 개선할 수 있다. 따라서 확인 절차에서는 가능한 한 수치 등 구체적인 형태로 드러나는 지표를 도입하자.

측정과 평가를 거친 결과 지금의 방식대로 노력을 계속했을 때 원하는 시기까지 목표를 달성할 수 있을지 현실적으로 생각한다. 어려울 것으로 예상된다면 그 방식을 개선하고 다시 목표 설정과 계획 단계로 돌아가 순서에 따라 진행한다.

PDCA 사이클을 되풀이하면서 노력해나가면 방향성을 잘못 맞추는 일 없이 성과를 향해 전진할 수 있다. 노력 그 자체보다 중요한 것은 목표를 확실히 설정하고 그 목표로 향하기 위해 언제까지, 무엇을, 얼마나, 어떻게 할 것인가를 정하는 것이다.

만약 외국으로 유학을 가겠다는 목표를 세웠다면 그러기 위해 어떤 시험을 치러서 어느 정도의 점수를 받아야 하는지를 조사하고, 내가 사용할 수 있는 시간과 그 시험에 합격하기 위해 필요한 요소를 계산하라. 그리고 언제 어떤 기준으로 확인 절차를 거칠 것인지를 정하여 최종적으로 희망 유학지에서 공부하고 있는 내 모습까지 구체적으로 떠올려보라.

노력을 시작하기 전 준비 단계에서 계획을 철저하게 세운다면 그대로 실행만 하면 되므로 노력하기가 한결 수월해진다. 또한 적절한 시점에 확인 절차를 거친다면 노력의 효율이 올라가 목표까지를 최단 거리로 주파할 수 있게 된다.

POINT

PDCA 사이클에 따라 노력하면 효율이 높아진다.

05

나 자신과의 약속을
일정에 넣어라

공부를 하기 위해서 학교나 학원에 다니고 있다면 이미 커리큘럼이 정해져 있기 때문에 계획대로 공부하는 것이 어렵지 않다. 그러나 회사에 다니면서 독학으로 공부해야 하는 사람은 시간을 자유롭게 활용하기 힘들기 때문에 처음 세운 계획대로 노력한다는 것이 상당히 어렵다. 그런 상황에 있다면 '노력에 사용할 시간'도 업무 일정과 마찬가지로 중요한 일정 중하나로서 시간 계획에 포함시키자.

"시간이 생기면 해야지."

"일이 좀 정리되면 그때 해야겠어."

이렇게 말하는 사람을 자주 보지만, 이런 자세로는 절대로 하고 싶은 일을 할 수 없다. 이미 많이들 겪어봤을 것이다. 시간은 일부러 만들지 않는 한 생기지 않는다. 퇴사하거나 은퇴하지 않는 한 일이 정리되는 순간이란 없다.

🔍 세부 내용을 정해 미리 일정에 포함시킨다

업무 일정이나 다른 사람과의 약속은 당연하게 수첩에 기록하면서, 나의 목표를 달성하기 위해 필요한 시간을 따로 적어두는 사람은 거의 없다. 그러나 목표 달성을 위한 노력의 시간은 다른 사람과의 약속만큼, 아니 그 이상으로 정말 중요하다. 눈에 보이게 수첩에 적어서 나 자신과 약속을 하자. 다른 사람과의 약속은 그 외의 비어 있는 시간에만 잡는 것으로 원칙을 세우는 것이 좋다.

공부 계획을 약속으로 생각하면 그것을 깨고 싶지 않다는 심리가 작용하므로 실천하기가 쉬워진다. 또 일정으로 잡아버린 순간 시간이 없어서 못 한다는 변명도 할 수 없게 된다.

다른 사람 때문에 혼자만의 시간을 방해받는 것을 방지하는 효과도 있다. 이를테면, 밤 9시부터 11시까지를 노력하기 위한 시간이라고 나름대로 정해놓았다고 하자. 그런데 이를 정해진 일정으로 여기고 존중하지 않으면 야근이나 식사 권유 같은 일에 쉽게 우선순위를 빼앗기고 만다. 반면 노력의 시간을 하나의 일정으로 인식하면 주위 상황에 쉽게 휩쓸리지 않게 된다. 누군가가 저녁을 먹자고 청해도 수첩을 들여다보면서 "다른 일이 좀 있어서 힘들겠는데"라고 말할 수 있을 것이다.

그렇게 일정을 잡았다면 막연히 '공부하는 시간'으로 분류하지 말고 '교재 120쪽부터 128쪽까지 풀고 30분간은 CNN을 들으며 영어 듣기 훈련을 하는 시간'이라는 식으로 가능한 한 세부적으로 무엇을 할 것인지 정하라. 그렇게 하면 자신에게 미치는 강제력이 더욱 강해질 것이다.

잡아놓은 일정의 시간을 정확히 지키는 것도 중요하다. 혼자만의 약속이라고 해서 소홀히 여기고 자꾸 지각하다 보면 점점 어겨도 무방한 가벼운 약속이라는 인식이 생겨서, 결국 기대한 만큼의 강제력이 작용하지 않게 된다. 그러니 가장 중요한 사람과의 약속과 마찬가지로, 나 자신과의 약속에도 늦지 않게 미리 여유를 두고 시간에 맞춰 행동하자.

POINT

시간이 생기면 하겠다는 말은 평생 하지 않겠다는 뜻이다.

06

노력의 결과가
한눈에 보이게 하라

앞에서 말했듯 노력하는 시간을 하나의 일정으로서 수첩에 적을 때, 무엇을 할 것인지를 구체적으로 정해서 기록하면 더욱 효과적이다. 구체적으로 무엇을 할 것인지가 한눈에 들어오면 그때마다 '그럼 이제 무엇을 할까'를 생각하지 않아도 되기 때문에 미적거리다 착수하는 시간이 늦어지는 것을 방지할 수 있다.

노력하는 일정은 목표를 달성하는 날까지 모두 정해두길 추천한다. 목표 달성까지의 여정을 전체적으로 파악할 수 있으면 하루하루의 실천이 어떤 의미를 갖는지 명확히 보이므로 매일의 노력에서 성취감을 맛볼 수 있다.

이렇게까지 확실하게 일정을 정해두면 하루만 게을리해도 기껏 열심히 세운 계획이 무너지고 만다는 위기감이 생긴다. 그것만은 피하고 싶다는 마음이 느슨해지기 쉬운 마음을 붙잡아줄 것이다.

하지만 목표를 달성하기까지 오랜 시간이 걸릴 것으로 예상하고 있어 그렇게 세부적인 일정을 짜기 힘든 사람도 있을 것이다. 이때는 '우선 3개월 동안, 여기까지는 해내자'와 같이 중간 목표를 설정하는 것이 좋다. 그러면 어느 정도 기간을 정해 일정을 세울 수 있을 것이다.

학생들과 상담을 하다 보면 성적의 상승세가 이어지다가 주춤한 학생을 만나게 될 때가 있다. 대개 자기가 하고 싶은 일만 하고 마는 학생이 이에 해당한다. 목표까지의 전체적인 여정을 떠올리지 않고 그때그때 적당히 노력하면, 쉽고 재미있는 것만 하다가 자기가 서툴고 싫어하는 것에는 손도 대지 못하는 사태가 생긴다.

습관을 만들어가는 과도기에는 일단 그렇게라도 시도해야겠지만, 언제까지나 좋아하는 것만 계속할 수는 없다. 결국엔 효율이 떨어지고 결과적으로 목표를 달성하기 전에 좌절하게 되기 때문이다.

　수첩에 일정을 적기 어렵다면 달력으로 관리하는 방법도 효과적이다. 매일 해야 하는 일을 모두 달력에 적어놓고 하루가 끝날 때마다 색연필로 그날을 색칠한다. 계획을 실천하지 못한 날은 색칠하지 않는다. 그렇게 나의 노력을 시각적인 형태로 만드는 것이다. 이 달력을 방에서 가장 눈에 잘 띄는 곳에 걸어두면 방에 들어갈 때마다 목표 의식을 자극할 수 있다. 수첩에는 노력하는 데 할애하기로 한 시간만 적어두고 해야 할 일의 내용은 달력에 적는 식으로 달력과 수첩을 병용해도 좋다.

　하루라도 빠지는 날이 있으면 중간에 색깔이 없는 부분이 드러나겠지만, 매일 노력을 계속한다면 달력에 빈틈없이 색깔이 칠해질 것이다. 색칠한 영역이 늘어날 때마다 내가 얼마나 노력을 했는지가 한눈에 들어오므로 만족감을 느낄 수 있고 동시에 빠진 부분이 생기는 것이 싫어서라도 매일 저절로 노력하게 된다.

POINT

색칠하는 쾌감에 중독이 되면 저절로 노력을 계속하게 된다.

07

할 마음이 들지 않더라도
5분만 버텨라

"어째선지 생각처럼 잘 되지 않아요."

"전에는 의욕이 넘쳤는데 지금은 기분이 내키질 않아요."

노력을 계속하다 보면 이런 식으로 정체되는 시기를 만나게 된다. 여기에 빠지게 되면 면밀하게 짜놓은 스케줄도 무용지물이 되고 만다. 이럴 때가 가장 위험한 순간이다. 이때 '난 역시 안 돼', '나는 노력하는 것과는 안 맞는 인간이야' 하는 식으로 의기소침해지면 더 이상 앞으로 나아가지 못하고 발을 멈추게 된다.

아무 이유 없이 의욕이 저하되는 건 누구에게든지, 어떤 목표를 가지고 있든지와 상관없이 반드시 한 번 이상은 나타난다. 그러니 어쩔 수 없는 현상임을 받아들이고 '역시 왔구나' 하면서 가볍게 받아넘기자. 계획이란 원래 틀어지게 마련이라는 전제 아래, 정체기가 찾아오면 어떻게 할 것인지 미리 생각해서 대비책을 마련하는 것이 중요하다.

🔍 남을 의식하면 몸이 저절로 움직인다

이런 순간을 극복하려면 어떻게 해야 할까? 의욕이 나지 않는 시기에서 벗어날 때까지 마음을 굳게 먹고 한 발짝씩이라도 전진하는 수밖에 없다. 최악의 사태는 완전히 멈춰버리는 것이다. 한 발짝이 어렵다면 반 발짝만이라도, 움직여지는 만큼만이라도 발을 앞으로 옮겨라. 몸이 움직이는 지점까지 목표를 낮추는 것이다.

이러한 상태에 있을 때 나는 긴장감을 조성하기 위해 마음속으로 경쟁자를 정한다. 나 혼자 마음속으로만 생각하는 것뿐이지만, 가까이 있는 사람 중에서 지고 싶지 않은 사람을 가상의 경쟁자로 삼는 것이다.

하위 10%의 성적으로 대학 수험을 목표로 했을 때도, 형편없는 영어 실력으로 케임브리지 대학원을 목표로 삼을 때도 나는 가까이에서 열심히 공부하는 친구를 내 마음대로 경쟁자로 설정했다. 이렇게 책을 쓰고 있는 지금도 "이 사람보다는 더 좋은 책을 쓰고 싶다"라고 여기며 꼽은 경쟁자가 있다.

주변에 이런 사람이 없다면 나와 같은 목표를 품고 노력하는 사람을 온라인에서 찾아보는 것도 방법이다. 예를 들면 SNS에서 같은 자격증 취득을 목표로 하는 사람을 찾아 팔로하고 그 사람이 노력하는 모습을 지켜보는 것이다. 이때 나보다 조금 더 수준이 높다고 느껴지는 사람을 경쟁자로 삼는 것이 좋다. 내가 정체되어 있을 때 그의 타임라인이나 블로그를 보면 '나보다 잘하는 사람인데도 이렇게 열심히 하고 있군. 나도 힘을 내야지' 하며 마음을 다잡을 수 있기 때문이다.

앞에서 설명한 대리강화도 이런 순간에 영향을 미친다. 대리강화와 비슷한 개념으로 '목표확산goal contagion'이라는 것이 있다. 열심히 하는 사람을 보거나 의식하기만 해도 나까지 덩달아 자제력이 향상되는 효과다.

케임브리지 대학원에서 공부하던 시절, 가뜩이나 서툰 영어로 매일 수준 높은 수업을 따라가려다 보니 나는 항상 좌절 일보 직전의 상태였다. 같이 공부하는 친구들 중 80%는 영어가 모국어라서 누가 봐도 나보다 나을 것 같았다. 의욕이 떨어질 때마다 나는 그 친구들을 의식했다. '저 친구들은 나보다 영어도 훨씬 잘하는데 내가 게으름까지 피우면 따라잡을 엄두도 못 낼 만큼 뒤떨어질 거야.' 이와 같은 생각이 나로 하여금 박차를 가하게 만들었다. 슬럼프에 빠진 적도 있지만, 그때마다 그렇게 스스로를 독려하며 한 발짝씩이라도 어떻게든 앞으로 나아가다 보니 어느 새 졸업이 눈앞에 다가와 있었다.

🔍 도저히 내키지 않아도 일단 5분만 한다

이런 방법으로도 도무지 몸이 움직이지 않는다면 원시적인 방법이긴 해도 1가지 효과적인 방법이 있다. 보상으로 스스로를 유혹하는 것이다. '여기까지만 끝내면 보상으로 이걸 하자'라는 식으로 자신에게 상이 될 만한 무언가를 정하는 것이다. '문제집 10페이지를 풀면 내가 좋아하는 노래를 한 곡 듣자', '영어교재 15페이지를 다 읽으면 간식을 먹자', '스쿼트 20회를 끝내면 만화책을 한 권 읽자' 하는 식이다. 아주 쉬운 도전부터 시작한다면 선뜻 몸을 움직일 수 있을 것이다.

단순한 방법이지만 일단 어디까지 하면 되는지가 명확해지는 것만으로도 몸을 움직이게 하는 데 효과가 있다. 이때 '1시간 열심히 하면'처럼 시간에 제한을 두는 추상적인 목표보다는 '참고서 10페이지'처럼 구체적인 목표를 설정하는 편이 동기 부여 측면에서는 더 효과적이다.

이렇게 한번 시동을 거는 데 성공하면 그 뒤는 걱정할 것 없다. 의지가 강한 사람이든 약한 사람이든 시작해서 처음 5~10분을 버티는 데 가장 많은 에너지를 소모한다고 한다. 꼼짝도 않던 몸을 일단 움직이고 나면 어느새 집중하고 있는 자신을 발견하게 될 것이다.

POINT

할 마음이 들지 않는다고 해도 일단 시작해보자.

08

나를 일깨우는
의식을 만들어라

　내가 나 자신에게 좋은 이미지를 가질 수 있게 만드는 효과적인 방법이 있다. 바로 '의식'의 힘을 빌리는 것이다. 스포츠 심리학에서는 운동선수가 경기를 시작하기 전 자신만의 습관을 항상 반복하는 것이 심신을 안정시키고 집중력과 자신감을 높이는 데 효과가 있다고 말한다.

　메이저리그에서 활약하는 일본의 야구선수 이치로도 타석에 들어설 때 매번 정해진 동작을 하고 난 뒤 야구 방망이를 든다. 이것이 그에게는 자신의 잠재 능력을 이끌어내는 방아쇠가 되는 것이다. 테니스에서도 정상을 다투는 선수일수록 시합 중에 같은 동작을 반복하는 모습을 볼 수 있다.

공부나 일을 시작하기 전 일종의 의식, 예를 들면 좋아하는 노래를 한 곡 듣는다거나 즐기는 음료수를 마신다든가 하는 행동을 함으로써 스스로 자신의 스위치를 켤 수 있다.

오감에 신호를 보내 집중력을 일깨운다

나는 집중하고 싶을 때 홍차를 끓인다. 단 케임브리지 대학원에서 공부하던 시절 항상 마셨던 홍차여야 한다. 바로 '포트넘&메이슨Fortnum&Mason'이라는 런던의 오래된 백화점에서 파는 홍차가 내게는 방아쇠가 된다. 이 홍차의 풍부한 향기를 맡으면 유학 시절이 떠오르면서 '그때도 해냈으니 이번에도 할 수 있을 거야'라는 기분이 드는 것이다.

내가 좋아하는 이미지나 추억이 담긴 물건을 의식에 사용하면 긴장을 풀고 자연스럽게 집중력을 높이는 효과가 있다. 이외에도 나는 큰 강연이나 중요한 회의가 있을 때면 긍정적인 생각을 하기 위해서 고교생 때 할머니가 주신 연필을 몸에 지닌다. 대학교 입시를 치를 때 이 연필을 사용해 합격했기 때문이다. 연필을 가만히 바라보고 있으면 그때처럼 좋은 결과가 있을 거라는 믿음이 생기는 것이다.

🔍 긍정적인 혼잣말로 스스로를 세뇌시킨다

혼잣말을 사용하는 '자기대화 self-talk'도 좋은 방법이다. 장애물에 직면하거나 의욕이 좀처럼 생기지 않으면 '나는 왜 이럴까' 하고 생각하기 쉽다. 그러다 보면 부정적인 감정에 빠져들게 된다. 이럴 때 '왜 이럴까?'가 아니라 '이 순간을 극복하고 나면 어떻게 될까?'와 같이 의식적으로 긍정적인 질문을 던지면 시야가 완전히 달라진다. 여기에 더해 '편하게 하자', '의욕이 떨어지는 순간은 누구에게나 있는 일이야', '이 정도는 문제없어'처럼 밝고 긍정적인 말을 스스로에게 들려주라.

마음속으로만 생각할 것이 아니라 노트에 적어보자. '이 순간을 극복하고 나면 어떻게 될까? → 더욱 자신감을 갖게 된다 → 내일의 동기 부여로 이어진다' 등 질문과 그에 대한 답변까지 적는다. '1주일 동안 계속하면 어떻게 될까?' '교재 한 권을 다 끝내면 어떻게 될까?' 이런 식으로 써내려가는 사이 마음가짐을 긍정적으로 바꿀 수 있게 된다.

> **POINT**
> 결정한 '행동'을 일종의 의식으로 만들어 자신의 스위치를 켜자.

09

복습으로
완성하라

아마 대부분의 사람들이 공부를 할 때는 마음먹고 모두를 한 번에 해치우는 것이 효율적이라고 생각할 것이다. 정말 그럴까? 한 번에 완벽하게 끝내려고 하다 보면 조금이라도 실수를 하게 되는 순간 의욕을 잃어버리게 된다. 결과적으로는 목표에 도달하지 못하고 포기하게 되는 원인이 된다. 노력하려면 가뜩이나 많은 에너지가 필요한데, 완벽해야 한다는 압박감까지 더해지니 노력이 더욱 힘들게만 느껴지는 것이다.

따라서 노력을 편하게 지속시키려면 이를 악물고 완벽을 기하기보다는 여러 번 거듭하는 사이 결국에는 완벽히 터득하게 될 거라는 믿음으로 임해야 한다. 그렇게 하는 가장 간단한 방법이 바로 이를 습관으로 만드는 것이다.

어떤 일이든 한 번에 몸에 익힐 수 있는 건 없다. 하는 동안에는 완전히 외웠다고 생각한 일이라도 시간이 조금 지나면 잊어버리게 된다. 어느 정도의 개인차는 있겠지만, 대부분의 사람들의 경우 한 번에 많은 시간을 들여서 무언가를 완전히 외우려고 할 때보다 여러 번에 걸쳐 조금씩 외울 때 이것이 기억에 정착될 확률이 높다.

최종적으로 뇌에 정착되지 않으면 원점에서 다시 외우기 시작해야 한다. 따라서 단번에 끝내고 복습하지 않는 방법을 쓸 경우 복습을 거듭하는 학습 방법보다 결과적으로 완전히 습득하기까지 걸리는 '노력의 총 시간'이 훨씬 더 길어지는 것이다.

'복습은 지겨워서 싫어', '빨리 끝내고 새로운 걸 하고 싶어'라고 생각하는 사람도 많을 것이다. 하지만 가능한 한 힘든 방법을 피하고 싶다면 오히려 복습에 시간을 투자하는 방식을 추천한다.

🔍 첫 시도는 가벼운 마음으로

기억에 정착하기 쉽다는 점 외에도 복습이 효율적인 이유 1가지가 더 있다. 바로 아직 확실히 모르는 부분을 정확히 확인할 수 있다는 점이다. 반복함으로써 공부한 내용이 기억에 남기 쉬워지는 것은 물론, 내가 약한 부분을 꼭 집어 학습할 수 있기 때문에 복습의 효과가 더욱 커진다. 또한 자신에게 아직 부족한 어떤 부분을 보충하고 싶다는 마음이 동기가 되어 스스로를 움직이게 하는 원동력으로 작용한다.

따라서 노력하는 것에 대한 계획을 세울 때는 반드시 이 복습 과정도 여러 번 포함시켜야 한다. 교재일 경우 어떤 책이든 최소 3회는 처음부터 끝까지 반복하자.

첫 번째 시도에서 모든 내용을 기억하려고 애쓰지 말고 세 번째에서 전체적인 내용을 머리에 넣겠다는 자세로 임하라. 난이도에 따라서 다르지만 처음에는 큰 줄기만, 두 번째에는 60%, 세 번째에는 80%를 이해할 수 있도록 하겠다는 자세가 적당하다.

'몇 퍼센트 이해하겠다', 또는 '테스트에서 몇 점을 받겠다' 같은 목표치는 3회째를 기준으로 달성하면 된다. 1회째와 2회째에 그렇게까지 점수에 연연할 필요는 없다. 처음에는 잘 모르는 부분이 있더라도 일단 넘어가라. 마지막에 완전히 내 것으로 만들면 그걸로 충분하다.

🔍 어려운 책일수록 대충 읽어라

어려운 책을 읽을 때도 마찬가지다. 한 페이지를 넘길 때마다 필사적으로 그 내용을 모두 이해하려고 시간을 들여 씨름하다 보면 이해를 하지 못한 채 지겹고 읽기 싫다는 생각만 들게 된다. 그러기보다는 한 번 쭉 훑어보고 전체적인 내용을 파악한 뒤 두 번, 세 번 다시 읽는 편이 내용을 이해하는 데 더 도움이 된다.

무슨 일을 하든 새로운 일을 시작할 때가 재미있고 편하다는 생각이 들지만, 새로운 것만 찾아다니다 보면 결과적으로는 더 오랜 시간에 걸쳐 불필요한 노력까지 들여야 하는 상황에 처하게 된다. '계속 새로운 것을 공부하고 있다'는 거짓 충실감에 속지 않도록 주의하라.

POINT

처음엔 일단 훑어본다는 생각으로 시작한다.

3장 요약

- 다른 사람과 약속하여 노력할 수밖에 없는 상황으로 자신을 몰아넣는다.
- 쉽게 지속할 수 있는 작은 노력에서 시작해 습관화되는 영역을 조금씩 넓혀간다.
- 머리로만 생각하지 말고 게임 감각으로 반복하면서 암기한다.
- 수치를 기준으로 성과를 측정하는 과정을 미리 계획한다.
- 노력하는 시간도 다른 사람과의 약속과 마찬가지로 일정에 포함시킨다.
- 내키지 않더라도 일단 시작해서 5분만 버티면 의욕이 솟는다.
- 복습의 기회가 있으니 첫 시도에는 훑어보는 느낌으로 느슨하게 시작한다.

단기간에
케임브리지 대학원에
합격하다

시간이 부족해도
충분히 성과를 내는
고효율 노력법

정확히 초점을 맞추어 매진하기만 한다면 불가능한 목표란 없다.
영어 울렁증이 있던 내가 단기간에 영어 실력을 키워서
케임브리지 대학원에 합격할 수 있었던 비결을 소개하겠다.

01

편해지고 싶다면
버려라

　퇴학 직전 문제아로서 도시샤 대학교에 진학하기로 마음먹은 후 10개월, 대학교를 졸업하고 영국으로 유학을 가기로 결정한 후 1년 반, 케임브리지 심리학과 대학원으로 목표를 좁힌 후 6개월.

　이는 내가 목표를 정한 뒤 달성하기까지 걸린 기간이다.

　나는 예전부터 공부에 도전했다가 좌절하기를 몇 번이나 반복하던 사람이다. 그랬던 내가 결과적으로 단기간에 높은 목표를 달성할 수 있었던 것이다. 어떻게 이런 일이 가능했을까? 목표에 초점을 맞추어 해야 할 일의 범위를 극한으로 좁혔기 때문이다.

🔍 집중할 것과 포기할 것을 정한다

대학교 수험 공부를 시작했을 당시 나는 전 과목에서 형편없는 실력이었다. 그런 상황에서 대학입시라는 얼마 남지 않은 기한을 생각할 때 전 과목의 점수를 끌어올리는 것은 현실적으로 불가능했다. 고3이 되는 봄의 성적이 하위 10%였으니 말이다.

우선 나는 문과 계열 세 과목(국어, 사회, 영어) 점수만으로 지원할 수 있는 대학교들을 찾아 목록으로 정리했다. 그중에서 지망 대학을 결정하고 이과 계열 과목은 완전히 포기했다. 물론 고3이라면 이상적으로는 이과 계열 과목도 어느 정도 공부를 해두는 게 맞다. 그러나 목표와 남은 시간을 생각할 때 내겐 그런 사치를 부릴 겨를이 없었다. 단호히 버려야 할 것을 정할 수밖에 없는 상황이었다.

문과 계열 과목 역시 어디부터 손을 대면 좋을지 모르긴 마찬가지였지만, 우선 현대문학에 집중했다. 그 시점에는 만화가 아닌 책도 조금씩 읽기 시작한 때였으므로 이를 실마리로 삼아보자는 생각이었다. 그리고 학원에 다니기 시작했는데, 거기에서 '현대문학의 카리스마'로 불리는 데구치 히로시出口
汪 선생님의 수업을 듣게 되었다. 그는 매우 유명했지만 당시

에 나는 그런 줄도 몰랐다.

바로 이 수업이 공부에 대한 나의 생각을 완전히 바꿔놓았다. 그때만 해도 그저 친구에게 물어 알게 된 것처럼 '공부란 모조리 외우면 되는 것'쯤으로 알고 있었는데, 데구치 선생님의 수업 덕분에 나는 다음과 같은 새로운 사실을 배웠다.

'공부란 모든 일을 논리적으로 읽어내는 힘을 갖추는 것'

언뜻 보기에는 말도 안 되는 것처럼 보이는 난해한 문장이라고 해도 논리적으로 하나씩 따져보면서 구조를 풀어나가다 보면 반드시 저자의 의도에 도달할 수 있게 된다. 그것을 파악하는 것이 현대문학이라는 과목의 핵심이었다.

현대문학뿐 아니라 다른 과목 역시 그것이 학생의 실력을 테스트하는 목적으로 출제된 시험 문제라면 어떤 문제이든 그 속엔 출제자의 의도가 숨어 있게 마련이다. 따라서 논리적으로 끝까지 파헤치면 그 의도를 간파할 수 있다는 사실도 알게 되었다. 이로써 현대문학이라는 과목을 공부한 것이 다른 모든 시험에 대비하는 훈련이 되었다.

🔍 선택지를 좁히면 목표가 더욱 가까워진다

현대문학을 공부해가면서 나는 점차 '이해한다'는 것에 재미를 느끼게 되었다. 영어와 사회 과목도 '문제의 배후에는 반드시 누군가의 의도가 있다'라는 전제를 의식하며 공부했더니 그때까지 사물로만 느껴졌던 시험 문제에서도 사람의 온기가 느껴졌다. 때로는 시험을 통해 문제 출제자와 대화를 나누고 있다는 생각까지 들 정도였다. 이렇게 '이해한다'라는 감각이 서서히 영역을 넓혀가자 공부가 재미있어졌고 덕분에 계속해서 노력할 수 있게 되었다.

이로써 10개월 만에 하위 10%에서 상위 10%까지 성적을 끌어올렸다. 냉정하게 계산하면 그런 일이 가능할 것이라고는 상상조차 할 수 없었다. 나뿐 아니라 큰 꿈에 도전하는 사람이라면 누구나 '정말 가능할까?' 하는 의심을 품게 되는 순간이 생긴다. 문제는 그러한 의심이 목표로 향하는 노력의 발걸음을 멈추게 만든다는 것이다. 혹여 불안한 마음이 든다고 해도 거기에 일일이 대응하기보다 작은 일을 통해서라도 '할 수 있다'라는 실감을 하나하나 쌓아나가야 한다.

노력한 결과 어떤 1가지를 할 수 있게 되면 그로 인해 다른 것까지 자연스럽게 재미있어진다. 이런 일이 반드시 발생한다. 나의 경우 현대문학 과목이 그랬다. 내가 그런 감각을 얻을 수 있었던 이유는 분명하다. 포기해야 할 것을 과감히 결정하고 '이 정도라면 할 수 있을 것 같은' 대상부터 공략했기 때문이다.

이러한 현상은 심리학에서도 근거를 찾을 수 있다. 원래 사람은 선택지가 많을수록 스트레스를 느끼게 된다. 평소 싫어하던 것을 시도하려고 한다면 가능한 한 스트레스를 받지 않는 방법으로 접근해야 지속할 수 있다. 그러니 지속적으로 노력하는 것이 좀처럼 쉽지 않은 사람이라면 우선 무엇을 버릴지 결정하고 돌파구로 삼을 수 있을 만한 대상에 에너지를 투자하라.

노력은 안간힘을 써서라도 그것을 지속하려 하는 의지의 힘이 아니라, 이 정도라면 가능하겠다는 실제적인 자신감이 있어야 가능한 것이기 때문이다.

POINT

목표 달성에 필요 없는 것은 방설이지 말고 버린다.

최단거리를 찾아
헛된 노력을 없애라

단기간 안에 목표를 달성하기 위해 노력하면서 반복해서 스스로에게 당부한 말이 있다. "아무거나 닥치는 대로 노력한다고 좋은 게 아니다!" 목표까지 최단거리로 주파하지 않는 한 나는 기한 내에 목표에 도달할 가능성이 없었다.

현대문학 과목을 공부하면서 시험 문제의 의도를 생각한 것도 마찬가지의 발상에서 비롯된 것이었다. 목표 달성을 위해서는 국어, 영어, 사회 각 과목에 대해 전반적으로 깊이 이해할 필요가 없었다. 중요한 것은 도시샤 대학교의 시험 문제에서 합격점 이상의 점수를 받는 것이다. 그렇다면 모든 과목에 대해 폭넓게 공부할 것이 아니라, 도시샤 대학 입시 문제의 출제 경향을 조사해 출제자의 의도를 파악한 뒤 그 부분으로 범위를 좁혀 집중적으로 공부해야 했다.

🔍 열의만 넘친다고 되는 게 아니다

케임브리지 대학원을 목표로 준비할 때도 마찬가지 방법으로 접근했다. 외국 대학원에 들어가기 위해서는 'GPA^Grade Point Average'라고 불리는 학부 성적 점수와 영어 실력이 중요하다. 하지만 보다 큰 비중을 차지하는 것은 자기소개서^personal statement이다.

자기소개서를 쓸 때는 A4 용지 2매 정도의 분량으로 자신에 대해 설명해야 한다. 이때 가장 중요한 것은 내가 쓰고 싶은 내용이 아니라 상대방이 나를 받아들이고 싶게 만드는 내용을 써야 한다는 점이다. 얼마든지 자유롭게 쓰고 싶은 것을 쓸 수 있지만, 아무거나 내세운다고 도움이 되는 건 아니다.

그런데 요즘 학원에서 학생들의 자기소개서를 읽다 보면 상대방의 의도를 전혀 생각하지 않고 처음부터 끝까지 자기 자랑만 늘어놓는 경우가 많다. '나에게는 이런 꿈이 있다, 장래에 이런 일을 할 것이다, 이러이러한 이유 때문에 나는 그 대학에서 공부하고 싶다…….' 이런 내용들이 빼곡하게 적힌 자기소개서에는 지원자의 열의 또한 가득 담겨 있지만, 정작 상대방이 무엇을 원하는가에 대한 고려가 빠져 있다.

해당 대학이 왜 전 세계에서 학생을 모집하고 있는 걸까? 거기에는 당연히 의도가 있다. 대학 입장에서는 전 세계에 산적한 다양한 문제들을 해결할 수 있는 우수한 인재를 배출함으로써 대학의 존재 가치를 끌어올리고 싶은 것이다. 이는 어느 대학이든 공통적으로 가지고 있는 목적이다. 거기에 더해 각 학교의 교풍을 조사해보면 어떤 분야에서 어떤 접근 방식으로 세계에 공헌하는 인재를 원하는지가 눈에 들어오기 시작한다.

따라서 자기소개서를 쓸 때는 짧은 분량 안에 상대방의 의도에 맞는 내용을 담는 동시에 자신의 꿈과 실력을 드러내야 한다.

🔎 최종 목표가 보이면 할 일이 단순해진다

어떤 과제라도 그 근원을 따져 보면 궁극적으로 '사람 대 사람'의 문제가 된다. 자신의 목표가 학업에 있든 일에 있든, 누구에게 어떤 형태로 인정받으면 되는지를 의식하면 노력의 성공률을 올릴 수 있다.

상대방의 의도를 생각해서 노력하라고 해도 어떻게 하면 되는지 모르겠다는 사람이 있을 것이다. 그렇다면 처음부터 최종 목표를 의식해서 노력하면 된다고 이해하라. 당신은 노력을 통해 최종적으로 어떻게 되고 싶은가?

예를 들어, 영어 회화 공부를 하고 있다면 어째서 영어 회화를 능숙하게 하고 싶은가? 구체적으로 '어떤 상황'에서 '무엇을 위해' '누구에게' '어떤 수준으로' 인정받고 싶은가? 이런 것들을 상세하게 머릿속에 그려보면 상대방의 얼굴이 보이기 시작하고, 어디에 특히 주력해야 할지, 포기해야 할 게 무엇인지 알 수 있게 된다. 그렇게 하면 이것도 하고 저것도 해야 한다는 쓸데없는 강박관념에서 벗어나 헛된 노력을 줄일 수 있다.

또한 이상적인 최종 목표를 떠올려보면 지금 하고 있는 노력에서 보람을 느낄 수 있으므로 노력의 효율성이 커질 뿐 아니라 동기가 더욱 강해지고 집중력도 향상된다.

POINT

눈앞의 목표를 넘어, 최종적으로 되고 싶은 나의 모습에 합치되는 길을 한다.

03
막막할 때는
우선 암기하라

　단기간에 성과를 내고 싶을 때 소홀히 할 수 없는 것이 바로 암기다. 암기는 지루하고 단순한 작업이라고 생각하기 쉽지만, 앞서 설명했듯이 틈새 시간을 활용해 가볍게 넘겨보거나 전철로 이동하는 시간에 게임처럼 하는 등 편하게 실행할 수 있는 방법이 얼마든지 있다.

　익숙하지 않은 분야를 처음 공부할 때는 생소한 용어들이 등장하게 마련이다. 이때 의미를 유추할 실마리를 찾을 수 없어서 좀처럼 이해도가 올라가지 않는 경우가 생긴다. 그럴 때 암기부터 시작하면 돌파구가 될 수 있다.

　앞에서 말했듯이 나는 대학 입시 공부를 현대문학 과목부터 시작했다. 그때만 해도 현대문학 문제에 종종 나오는 '이데올

로기'나 '포스트모더니즘' 같은 단어의 의미를 전혀 모르고 있었다. 영단어가 아닌 '수미상관'이나 '두괄식' 같은 단어 역시 생소하기는 마찬가지였다.

그래서 우선 시험 문제에 출제된 적 있지만 내가 모르고 있는 단어들을 정리해서 무조건 암기하기 시작했다. 현대문학 과목을 공부할 때 암기부터 시작하는 사람은 좀처럼 볼 수 없겠지만, 의외로 효과가 좋았다. 단어를 알게 되면서 어렴풋이나마 글의 내용을 이해할 수 있게 되었고, 그러자 읽는 것이 재미있게 느껴져서 문제를 풀 때도 적극적인 자세를 취하게 되었다.

🔎 재미와 보람이 공존하는 접근법

케임브리지 대학원을 목표로 삼고 영어 공부를 시작했을 때도 같은 방법으로 했다. 나는 3개월 만에 아는 어휘를 5,000단어로 늘렸다. 공부의 왕도를 말하자면 단어는 문맥 속에서 자연스럽게 익히는 것이 가장 좋다. 그러나 내겐 시간이 없었다. 단기간에 케임브리지 대학원에 들어갈 수 있는 수준으로 영어 실력을 향상시키려면 그런 태평한 소리를 하고 있을 틈이 없었다.

그래서 단어 카드를 사용해 무조건 암기하기 시작했다. 그러자 현대문학을 공부할 때와 마찬가지로 단어 실력이 향상되면서 전에는 읽을 수 없었던 높은 수준의 영어 문장도 읽을 수 있게 되었다. 영어를 해석하는 능력도 중요하지만, 단어를 많이 알고 있으면 영어 성적을 올릴 때 큰 도움이 된다는 것을 실감할 수 있었다.

어휘 실력이 늘어서 영어 문장을 쉽게 이해하게 되자 읽는 것이 재미있어져서 더욱 공부에 전념하게 되는 효과가 있었다. 노력이 편해지고 재미있어지는 순간이었다.

암기라고 하면 일단 귀찮고 다양한 공부의 방법 중에서도 유독 편법처럼 취급되는 분위기가 있다. 그러나 사고력이 필요한 공부와는 달리 암기는 마음 편하게 할 수 있고, 방법에 따라서는 앞에서 설명한 것처럼 즐기면서 해치울 수도 있다. 무엇보다 암기는 얼마나 외웠느냐를 통해 나의 노력과 성과를 수치로 확인할 수 있으므로 내가 공부한 만큼의 보람을 즉각 느낄 수 있다는 장점도 있다.

그뿐 아니라 암기한 양이 늘어나면 그 과목, 또는 그 일 전체에 대한 이해도에 크게 기여를 한다. 영어 공부의 경우 단기간에 성적을 올리려는 사람에게는 최대의 무기라고 할 수 있다.

공부가 좀처럼 되지 않고 자꾸 제자리걸음을 하는 사람이라면 우선 암기부터 시작해보라. 중요한 것은 부담 없이 편하고 재미있게, 반복해서 시도하는 것이다.

POINT

많이 외울수록 쉽게 이해할 수 있다.

04

빨리 듣고 싶다면
빨리 읽어라

케임브리지 대학원을 목표로 삼아 영어 공부를 시작하긴 했지만 사실 처음에는 영어 듣기가 거의 불가능한 수준이었다. 단어 실력이 늘면서 독해에는 조금씩 자신감이 붙었는데, 듣기는 워낙 빨리 쏟아지는 영어 단어로 머릿속이 뒤죽박죽이 되어 의미를 이해하기 힘들었다.

단기간에 영어 듣기 실력을 쌓기 위해서 나는 우선 '읽기'부터 시작했다. 자신 있는 읽기 실력을 더욱 키우기로 한 것이다. 듣기 실력을 키우고 싶다면서 왜 읽기를 하는 걸까 의아해할 사람도 있을 것이다. 그러나 읽어서 의미를 이해하지 못하는 문장은 귀로 들을 때도 이해하지 못하는 것이 당연하다.

또 하나, 들을 때 의미를 알아듣지 못하게 되는 원인 중 하나는 화자의 영어 말하기 속도를 머리가 따라가지 못하기 때문이다. 귀가 영어에 익숙해지면 단어 하나하나는 들리기 시작하지만, 긴 문장을 빠른 속도로 들으면 내용을 다 파악하기 전에 소리가 지나가버리고 만다. 읽을 때는 이해할 수 있는데 들을 때는 무슨 내용인지 모르겠다면 의미가 밀려들어오는 속도에 아직 적응하지 못한 탓이다.

🔍 단기간에 듣기 실력을 키우는 읽기법

일본에서 주류를 차지하는 영어 공부법은 독해 중심 공부법이다. 천천히 영문을 해석해서 문장의 뜻을 이해하는 방법이므로 시간만 있으면 정확하게 의미를 파악할 수 있다는 장점이 있지만, 원어민들의 영어 말하기 속도에는 대응할 수 없다는 것이 약점이다. 그래서 나는 우선 빠르게 읽을 수 있게 되는 것이 중요하다고 생각했다. 빨리 읽기를 할 때는 원어민이 말할 때와 비슷한 속도를 내려고 의식하면서 읽어나간다. 모르는 단어가 나와도 밑줄만 그어 두고 의미는 나중에 조사한다.

영어 듣기 연습을 한 뒤에 그와 비슷한 속도로 문장을 읽어보면 알 수 있지만, 원어민들의 자연스러운 말하기 속도는 상당히 빠르다. 그 정도 속도로 영어 문장을 읽게 되면 처음에는 읽으면서도 의미가 이해되지 않는다. 그러나 점차 익숙해지면 조금씩 머리에 의미가 들어오기 시작한다. 이것이 듣기 실력 향상으로 이어지는 것이다.

빠른 속도로 읽어도 영어 문장의 의미를 알 수 있게 되면 이제 원어민의 발음에만 익숙해지면 된다. 그러기 위해서는 일단 반복해서 들어야 한다. 빠르게든 느리게든 속도를 조절하지 말고 원어민이 말하는 자연스러운 속도로 들어보자. 알아듣기 쉽게 느린 속도로 제작된 교재도 많이 있지만, 단기간에 영어 실력을 향상시키고자 하는 사람에게는 적합하지 않다. 원어민이 평소에 하는 이야기를 알아들을 수 있게 되는 것이 최종 목표인 만큼, 가장 일반적인 속도의 음성을 지속적으로 듣는 것이 가장 좋다.

🔎 귀로 듣고 그대로 소리 내어 말한다

읽는 것과 듣는 것을 같은 텍스트로 병행하면 보다 효율적으로 영어를 습득할 수 있다. 읽을 때도 목소리를 흉내 내면서 소리 내어 읽어라.

기타를 배울 때도 본보기가 될 만한 음색을 '귀로 카피해서' 연습하는 방법이 있다. 이와 마찬가지로 읽기를 할 때도 귀로 들은 소리를 완벽하게 복사해서 따라 하는 것이다. 들은 것과 같은 속도, 같은 억양, 같은 리듬을 재현하면서 소리 내어 읽기를 반복하라. 이렇게 하면 듣기 실력에 독해 실력, 거기에 더해 발음까지 향상시킬 수 있다.

소리 내어 읽다 보면, 여기는 발음이 이어진다거나 여기서는 소리 나지 않고 묵음으로 처리된다거나 하는 특징을 발견할 수 있고, 묵묵히 읽기만 할 때는 느끼지 못했던 '말을 하는 사람의 기분'까지도 짐작할 수 있게 된다. 그러면 감정이입이 이루어져 해당 영어 문장의 내용이 뇌에 정착할 확률도 자연스럽게 올라간다.

POINT

공부할 때 길서이즈의 방법을 찾으면 노력하기가 더욱 쉬워진다.

05

영어를 잘하고 싶다면
자주 사용하라

케임브리지 대학원에 들어가기 위해 영국에 건너가 현지에서 영어 공부를 계속하던 시기, 나는 마음이 편해지는 1가지 사실을 발견했다. 태어나서 처음으로 원어민들에게 둘러싸여 생활한 뒤 알게 된 것인데, 영어를 모국어로 사용하는 이들이라고 해서 완벽한 영어를 구사하는 것은 아니라는 사실이다.

일본에서 문법 교육을 철저하게 받은 나로서는 가능한 한 문법에서 어긋나지 않게 말하려고 했지만, 정작 원어민들이 사용하는 영어는 엉망진창 정도까지는 아니어도 '문법적으로 좀 이상하지 않나?' 싶을 때가 자주 있었다.

잘 생각해보면 이런 현상이 영어권에서만 일어나는 건 아니다. 우리가 흔히 쓰는 표현 중에도 알고 보면 문법적으로 틀린 것들이 많다. 이를테면 '과반수 이상'이나 '간단히 요약하다'와 같은 표현은 같은 의미가 두 번 표현된 겹말로서 국어 시험에 나왔다면 모두 틀렸을 문제다. 그러나 일상적인 대화 속에서 그런 것까지 일일이 지적하는 사람은 거의 없다.

🔎 영어 회화에 있어 절대적이고 유일한 학습법

영어도 본질은 마찬가지다. 나는 '무조건 정확하게'를 중요 하게 생각했기 때문에 영국에 건너가서도 원어민과 자유롭게 교류할 수 없었다. 그러나 주위 사람들을 보면 다들 하고 싶은 말을 편하게 주고받고 있었다. 영어권이 아닌 다른 나라에서 온 사람들도 많이 있었는데 그들은 정말 엉망진창인 영어라도 전혀 신경 쓰지 않고 자유롭게 말했다. 반면 일본인만은 내가 그랬던 것처럼 '정확하게 말하지 못할 바에는 아무 말도 하지 않겠다'와 같은 자세를 취하곤 했다. 말을 하지 않으니 익숙해 질 기회가 생기지 않았고 그래서 시간이 지나도 영어에 능숙 해지지 않았다.

지금 내가 가르치는 학생들 중에도 단순히 시험 점수를 올리는 것뿐 아니라 자유롭게 영어를 구사하게 되는 것을 목표로 하는 학생들이 있다. 나는 그들에게 늘 "영어는 사용하지 않으면 절대로 늘지 않는다"라고 강조한다.

실제로 경험해보기도 했지만 많은 학생들을 봐도 알 수 있는 건 책상에 앉아 몇백 시간, 몇천 시간을 공부에 공부를 거듭한다 해도 영어로 이야기하는 경험을 쌓지 않는 한 저절로 영어로 술술 말하게 되는 일은 생기지 않는다는 것이다.

🔍 감정체험을 함께 해야 머리에 쏙쏙 들어온다

"영어를 잘할 수 있게 되는 가장 쉬운 방법은 무엇입니까?"

나는 이런 질문을 종종 받는다. 내가 생각하는 정답은 '외국인 친구를 사귀는 것'이다.

영어 실력은 얼마나 공부하고input 얼마나 사용하느냐output에 달려 있다. 일본인의 경우 의무교육만으로도 상당 수준의 영어 지식에 도달할 수 있다. 그러나 사용할 기회는 극단적으로 적다. 따라서 영어를 잘하고 싶다면 이를 보충하는 것이 가장 빠르다.

특히 영어를 실제로 사용할 때는 감정체험이 동시에 일어나기 때문에 공부한 내용을 완전히 내 것으로 만드는 데 매우 효과적이다. 뇌의 구조상 기억과 감정은 서로 깊이 연관되어 있다. 희로애락 같은 감정과 함께 각인된 기억은 뇌에 쉽게 정착한다.

원어민과 대화를 하면서 체험한 지식은 책상 앞에 앉아서 일방적으로 주입한 내용보다 더욱 쉽게 기억되며 정착률 또한 높다. 어떻게 말하면 좋을지 고민하면서 심장이 두근거렸던 순간, 상대방이 내 말을 알아들어서 뛸 듯이 기뻤던 순간 등을 뇌가 함께 기억하기 때문이다.

매일 공부해서 머릿속에 넣은 지식을 정기적으로 실제 대화에서 사용해 뇌리에 정착시키자. 영어 회화 학습에 있어 이보다 더 좋은 방법은 없다.

🔍 공부보다 먼저 기회를 찾아라

케임브리지 대학원을 목표로 공부하던 시기, 내겐 돈이 없었다. 그래서 나는 교토역에서 기다리고 있다가 외국인 관광객이 지나가면 말을 걸어 자청하여 길 관광 안내를 해주겠다고 하여 영어를 사용할 수 있는 기회를 만들었다. 이러한 방법을 통해 여러 명의 외국인 친구를 사귈 수 있었고 그중에는 지금까지 관계를 맺고 있는 사람도 있다.

외국인과 친구가 되면 내 이야기를 하고 싶어지고 상대방에 대해서도 알고 싶다는 욕구가 생기므로 회화 실력이 일취월장한다. 상대방이 외국에 있어 만날 수 없다고 해도 이메일을 주고받으면 영작에 열중하게 되고, 그 사람의 SNS나 이메일 내용을 열심히 읽게 되므로 독해 실력까지 향상된다.

갑자기 친구를 만드는 것이 어렵다면, 요새는 무선 인터넷 전화를 통해 해외 거주자에게도 얼마든지 교습을 받을 수 있고 원어민 회화 학원이나 개인교습도 쉽게 찾을 수 있으니 이러한 방법을 시도해보라. 빠른 기간 안에 영어를 자유롭게 말하고 싶다면 어떤 책으로 공부할까를 고민하기보다 영어를 직접 사용하는 기회를 만드는 쪽이 훨씬 큰 효과를 볼 수 있다.

POINT

직접 대화하면 감정이 함께 기억되므로
학습한 내용이 쉽게 흡수된다.

06

좋은 표현을
따라 하는 것부터 시작하라

영어를 잘하고 싶다면 영어를 읽고(공부하고), 이해하고, 사용하는 행위를 각각 따로 할 것이 아니라, 전체가 하나의 과정임을 인식하는 것이 중요하다. 내가 직접 말하는 상황까지 생각하면서 공부해야 읽고 이해할 때도 더욱 적극적인 자세를 취하게 된다.

하나의 언어를 자신의 것으로 만들어 자유롭게 사용할 수 있게 되려면 이 전체의 과정이 분리되는 것이 아니라 이어져야 한다. 이를 잘 표현하는 단어가 '수파리守破離'이다. 수파리란 일본에서 전통적으로 전해져오는 사상으로, 무예나 예술 분야에서 비법을 전수받는 과정을 단계에 따라 표현한 말이다.

수守 : 스승이 가르쳐준 기본을 충실하게 지켜 몸에 익히는 것

파破 : 기본적인 가르침을 기초로 자신에게 맞는 방법을 찾아내는 것

리離 : 이제까지 익힌 것을 한층 더 발전시키기 위해서 더 높은 수준으로 자유롭게 자신의 힘을 표출하는 것

이를 영어 학습 과정에 맞춰 바꾸면 다음과 같다. 우선 처음에는 참고 자료를 보고 표현을 빌려와 그대로 따라 한다. 다음에는 지금까지 의식해서 따라 해온 표현을 완전히 습득할 수 있도록 다른 문장에 끼워 맞춰 사용한다. 이러한 과정을 반복하다 보면 나중에는 그런 표현들을 자기 힘으로 다양하게 변화시켜서 자유롭게 사용할 수 있게 된다. 이 수준에 이르면 이제 영어가 완전히 내 것이 되었다고 할 수 있다.

🔎 본보기를 찾아 모방하는 것부터 시작한다

영어든 일본어든 언어란 나 혼자서 새로 만들어내는 것이 아니라, 이미 있는 표현을 주어진 규칙 속에서 자신의 감각에 따라 사용하는 것이다. 따라서 영어를 사용하고 싶다면 우선

이미 존재하는 다양한 문장과 표현을 빌려와야 한다. 이것이 '수₮'의 단계다. 책이나 인터넷을 보다가 유용할 것 같은 영어 표현이나 좋은 문장을 발견하면 그대로 복사해서 머릿속에 저장해두는 것이다.

아기를 보면 알 수 있듯이, 언어를 배우는 최초의 방법은 '모방'이다. 그렇다고 아무거나 모방할 수는 없는 노릇이다. 본보기가 될 언어로서 머릿속에 깊이 각인시켜야 하는 만큼, 가능한 한 바람직한 영어 표현을 선별하여 받아들여야 한다.

🔍 BBC는 좋은 영어 표현의 보고

좋은 영어 표현을 찾고 싶다면 BBC나 CNN 같은 보도계 방송국 사이트를 추천한다. 이런 사이트에서 사용하는 영어는 세대적인 편차가 적고, 그야말로 현재 생생하게 살아 있는 영어이다. 최신 화젯거리가 풍부해 질리지 않고, 세계적인 정세를 함께 배울 수 있다는 장점이 있다.

나는 매일 이런 사이트를 체크해서 좋은 표현을 발견할 때마다 노트에 따로 정리했다. 새로운 정보를 투입하지 않은 채 개인적인 생각만으로 영어를 사용하다 보면 결국에는 전형적인 자기만의 틀에 박힌 영어를 하게 된다. 이러한 이유로 나는 이런 사이트에서 새로운 표현을 습득한 후 교토역 앞에서 만난 외국인들과 대화할 때 그 표현을 하나 둘 사용하면서 감각을 익혔다.

새로운 단어와 표현을 암기하는 것만으로도 독해의 폭이 넓어지지만, 이를 실제로 다른 사람 앞에서 여러 번 입 밖으로 내어 말해봐야 자유롭게 사용할 수 있게 된다. 대화를 통해 다른 사람에게 사용하고 '아, 통했다!', '이상한 반응을 보이던데'라는 식의 감정을 경험함으로써 비로소 그 언어를 자신의 것으로 만들 수 있는 것이다.

POINT

유용한 문장을 발견하면 무조건 노트에 저장한다.

07

목표로 향하는 최단거리를 찾아라

    케임브리지 대학원에 들어간 직후 가장 나를 힘들게 한 건 토론이었다. 그때 얼마나 힘들었는지 지금도 생생하게 기억이 날 정도다. 대부분의 수업이 학생들끼리 혹은 학생과 교사 간에 토론을 전제로 진행됐는데, 다른 학생들은 모두 활발하게 자기 의견을 이야기했다.

    특히 크리티컬 싱킹critical thinking 수업이 가장 부담이었다. 매주 100페이지 정도 분량의 어려운 논문을 읽고 그에 대한 자신의 의견을 정리해 제출해야 했고, 수업은 소그룹으로 나뉘어 그룹의 학생 중 한 명의 의견을 주제로 삼아서 토론하는 형식으로 진행됐다.

빠른 속도로 의견을 교환하는 원어민 학생들 사이에서 영어로 듣고 말하는 것만으로도 충분히 힘든데, 거기다 전문적인 주제에 대해 토론까지 해야 한다니! 내 실력으로는 절대 불가능하다는 생각이 앞섰다. 강의 2시간 내내 영어가 폭풍처럼 오고가는 동안, 나는 잔뜩 긴장한 나머지 입을 조개처럼 꼭 다물고 있었다. 시간이 지남에 따라 점점 나는 강의실 안에서 혼자 고립되어갔다. 내 의견을 말한 적이 없었기에 의욕 없는 사람처럼 비춰진 것 같았다. 말을 걸어오는 친구도 점차 줄어들었다.

🔍 이거라면 할 수 있겠다 싶은 것에서 돌파구를 찾아라

이대로는 안 되겠다 싶어진 나는 대책을 짜내기 시작했다. 내 영어 실력을 생각할 때 처음부터 그 자리에서 의견을 술술 이야기하는 것은 불가능했다. 그래서 일단 적어도 매번 무엇이든 내 의견을 말하는 것을 목표로 삼았다. 사전에 말할 내용을 완벽하게 준비해서 수업에 들어간다면 그 정도는 할 수 있을 것 같았다.

그렇지만 1주일에 100페이지나 되는 난해한 논문을 전부 소화하기는 힘들었다. 솔직히 한 번 훑어보는 것만으로도 힘에 부쳤다. 나는 집중해서 읽을 부분을 선정해 그 부분만 공략하기로 했다. '이 부분이라면 할 말이 있겠다' 싶은 부분에 대해서 내 의견을 정리하고, 예상되는 질문을 떠올려 그에 대한 답변까지 작성해 암기한 후 수업에 들어갔다.

수업 시간에는 내가 준비한 부분과 관계없는 내용이 토론의 중심에 오르는 일도 있었다. 하지만 그럴 때도 겁내지 않고 "저는 이 부분이 흥미롭다고 생각했는데요……" 하면서 말을 꺼내 곧바로 고심해서 정리한 나의 의견을 개진했다. 관련 없는 말은 하지 말라고 면박 주는 사람은 없다. 그보다 중요한 것은 적극적으로 토론에 참가해 자기 의견을 나누는 것이라고 여기기 때문이다.

이러한 방법을 사용한 후부터 강의실에서 나의 존재 가치를 만들어낼 수 있었다. 일단 내 의견을 말할 수 있게 되면, 다른 사람의 의견에 나타난 오류도 눈에 들어온다. 이 정도라면 나도 반론을 제기할 수 있겠다는 자신감까지 생긴다. 그렇게 처음에는 귀에 잘 들어오지 않던 토론 내용도 몇 가지 전문용어만 기억하면 생각보다 어렵지 않게 할 수 있다는 것도 알게 되었다.

🔍 목표가 다르면 몇 년의 노력도 소용없다

초등학교 시절, 나는 부모님의 권유로 영어 회화 학원에 다녔다. 그러다가 중학교 1학년 때 처음으로 온 가족이 해외여행을 가게 되었다. 초등학생 때긴 했지만 나는 학원에 몇 년씩이나 다녔으니 해외에 나가면 영어로 어느 정도 말을 할 수 있을 거라고 생각했다. 하지만 나갔더니 정작 외국인이 하는 말을 전혀 알아들을 수가 없었다.

부모님도 내가 계속 영어 공부를 해왔으니 조금이라도 영어로 이야기할 수 있지 않을까 기대하신 모양이었다. 하지만 현실에서 쓰는 영어는 학원에서 초등학생을 대상으로 가르치던 영어와 전혀 달랐다. 나는 본고장의 빠른 말씨에 위축되어서 한마디도 꺼낼 수가 없었다. 이때의 경험 때문에 나는 공부란 결국 의미 없는 것이라고 생각하게 되었고 이후 공부를 더욱 싫어하게 된 것 같다.

지금 생각하면 공부에 의미가 없었다기보다 단지 공부의 목적이 달랐던 것뿐이다. 초등학생을 대상으로 하는 영어 회화 학원은 아이들이 영어란 재미있는 언어이고 얼마든지 잘할 수 있다고 생각할 수 있게끔 그저 영어와 친해질 수 있는 수업을 제공했던 것이다. 영어 공부를 했다는 이유로 해외에 나가서 영어로 유창하게 이야기할 수 있으리라고 기대하는 쪽이 잘못된 것이다.

🔍 시간과 수고가 10분의 1로 줄어든다

다시 한 번 말하지만, 노력할 때는 최종 목표를 분명히 인식해야 한다. 해외여행에서 내가 겪은 경험이야말로 좋은 사례이다. 해외에 나가서 영어로 대화하고 싶다면 거기에 초점을 맞추어 노력해야 한다. 위에서 언급한 케임브리지 대학원에서의 토론 수업에서도 '매번 무엇이든 내 의견을 말하자'라는 작은 목표에 초점을 맞춰 노력한 덕분에 나는 어려운 고비를 극복할 수 있었다.

목표에 집중해 노력하는 것이야말로 단기간에 효율적으로 어려운 목표를 달성하는 데 가장 좋은 방법이다. 외국 회사와 거래할 때 영어를 사용하고 싶다는 목표를 가지고 있다면, 영어를 전반적으로 공부할 것이 아니라 업무에 필요한 단어를 집중적으로 암기하고 원어민과 1:1로 역할을 맡아 업무상 일어날 수 있는 상황을 가정해 회화 연습을 반복하는 것이 빠른 길이다. 특정 주제에 관해 이야기를 할 때 사용하는 단어의 양은 의외로 적다. 이와 같은 방법을 사용한다면 목표 달성에 걸리는 시간과 수고가 10분의 1로 줄어들 것이다.

영어 공부라고 하면 막막하기만 하고 노력할 엄두가 나지 않는다는 사람이라면, 반드시 이 방법을 시도해보길 바란다.

POINT

목표를 집중 공략하면 해야 할 일이 10분의 1로 줄어든다.

4장 요약

- 목표로 하는 수준과 남은 시간을 감안할 때 무엇을 버릴지 결정한다.
- 어떤 목표든 그 배후에 있는 상대방의 의도를 철저히 파악한다.
- 단기간에 성과를 내고 싶다면 암기 시간을 대폭 늘린다.
- 귀로 들은 대로 똑같이 흉내 내면서 같은 텍스트를 소리 내 읽는다.
- 영어로 능숙하게 말하고 싶다면 실제로 말할 기회를 만든다.
- 좋은 영어 표현을 항상 체크해서 저장한다.
- 목적에 필요한 어휘와 표현을 찾아 집중적으로 공부한다.

5장

독학으로도
세계 톱이 될 수 있다

좌절하지 않고
끝없이 성장하는
참 쉬운 방법

아무리 큰 꿈이라고 해도
효율적으로 노력을 지속해나가면 얼마든지 달성할 수 있다.
하지만 지속한다는 것은 결코 쉬운 일이 아니다.
독학으로도 좌절하지 않고 끝까지 노력할 수 있는 방법을 알아보자.

01

현실적으로 가능한 선례를 따라 하라

　목표를 향해 독학으로 노력하는 사람은 학원에 다니는 사람에 비해 동기를 관리하는 것이 쉽지 않다. 학원에 가서 수업을 듣는 시간 등 노력을 강제하는 힘이 작용하지 않을 뿐만 아니라, 같은 목표를 가진 동지를 만나 서로 격려를 나눌 기회도 없기 때문이다.

　그래서 나는 인터넷에서 같은 입장에 있는 사람을 찾아 자극을 받는 계기로 삼았다. 나와 비슷한 목표를 품고 있는 사람의 블로그나 SNS를 보면서 스스로에게 활력을 불어넣는 것이다. 앞서 가상의 경쟁자를 설정하라고 이야기했는데, 그런 경쟁자도 넓게 보면 동지나 마찬가지다.

이미 목표를 달성해서 '되고 싶은 나'의 모습이 된 사람의 SNS 등도 정기적으로 체크하라. 이렇게 하면 동지를 넘어 인생 선배의 이야기를 듣는 것 같은 느낌을 받게 된다. 그들이 어느 정도의 수준에서 시작해서 어떤 노력을 통해 난관을 극복했고 지금은 일상적으로 어떻게 일하고 있는지 그 과정을 지켜볼 수 있다.

미디어를 통해 쉽게 활약상을 접할 수 있는 유명인일 경우 나와는 너무 다른 사람이라는 생각이 들어 실감이 떨어질 수도 있다. 물론 그 유명인에게서 참고할 만한 부분이 있다면 무엇이든 시도해보는 것이 좋지만, 천재적인 재능을 타고난 사람의 겉으로 드러나는 행동만 보고 따라 하다가는 좋은 결과를 얻는 것이 쉽지 않을 뿐만 아니라, 자칫 열등감을 가지게 될 수 있다. 그러다 자신감을 잃고 오히려 의욕까지 떨어질 수 있으니 주의가 필요하다.

따라서 우선은 자신의 실력을 객관적으로 평가해보고 현실적으로 생각할 때 열심히 하기만 하면 도달할 수 있을 것 같은 위치에 있는 사람을 참고하는 것이 좋다. 그후 점차 내 수준이 올라갈수록 그에 맞춰 더 뛰어난 사람을 찾아 그들이 이룬 성과에 도전하겠다는 생각으로 임하자.

🔍 이 정도는 해야 한다는 하한선을 확인한다

영어 분야에는 어린 시절 해외에서 살아본 적도 없고 발음도 원어민 수준에 못 미치는데도 통역 전문가로 활약하고 있는 사람이 있다. 그 사람의 블로그에서 글을 읽다 보면 어쩐지 친근감이 들고 '나도 열심히 한다면 이 정도 수준에 이를 수 있지 않을까' 하는 희망이 생긴다. 그가 지금의 위치에 오기까지 특히 어떤 분야에 집중해 노력했는지와 같은 정보는 매우 유용하다.

이와 비슷한 사례들은 얼마든지 있다. 무작정 미국에 가기는 했지만 영어를 전혀 하지 못해서 방에 틀어박혀 온종일 TV에서 나오는 영어만 들으며 영어가 귀에 익숙해지게 했다든가, 초보자임에도 무료로 통역을 자처하면서 힘든 상황 속에서 계속 경험을 쌓아갔다든가 하는 다양한 고생담 말이다. 나는 특히 연줄도 없이 독학으로 공부했다는 이야기에는 절로 관심이 쏠렸다. 그런 좌충우돌의 과정을 간접 체험함으로써 '나도 할 수 있다' 또는 '역시 이 정도는 해야 성공할 수 있다'는 식으로 다시 한 번 목표를 실감하게 됐기 때문이다.

노력을 하는 과정에서 동지의 힘은 과히 절대적이다. 시간과 경제적으로 여유가 있다면 동지를 만나기 위한 목적만으로도 학원에 다니기를 권하고 싶을 정도다. 그러나 반드시 독학으로 노력해야겠다고 결심했다면 앞에서 설명한 방법으로 동지와 선배를 만들어보라.

앞서 가상의 경쟁자 부분에서 설명했듯, 사람은 자기가 눈으로 본 사람의 행동에 영향을 받아 따라 하게 되는 경향이 있다. 그 사람이 내가 공감을 느끼는 사람이라면 그 충동이 더욱 강해진다.

설령 온라인상에서만 접할 수 있는 사람이라고 해도 동지라고 느껴지는 사람이 열심히 노력하여 무언가를 이뤄내는 모습을 관찰하다 보면, 때로는 감탄하고 때로는 동질감을 느끼게 되고 이때 '나도 저 사람처럼 열심히 하고 싶다'라는 욕구가 점점 커지게 된다.

POINT
멀리서라도 지켜볼 수 있는 동지를 만들어 독학의 약점을 극복하라.

공부할 때는
완벽을 포기하라

꾸준히 노력하지 못하는 사람 중에는 의외로 완벽주의자가 많다. 완벽주의자는 목표에 미치지 못하는 날이 이어져 정해 놓은 일정이 흐트러지게 되면 이를 용납할 수 없어서 단박에 의욕을 잃어버린다.

특히 이들은 이상이 높기 때문에 공부든 다른 목표든 자기가 할 수 있는 최대치를 기준으로 매일의 일정을 짠다. 이 일정을 소화해내는 동안에는 자신감이 넘치고 실력이 쑥쑥 성장하기 때문에 나쁠 것이 없지만 능력 최대치의 일정을 매일 계속하다 보면, 특히 독학으로 노력하고 있을 경우에는 반드시 어느 순간 좌절을 겪을 수밖에 없다.

이처럼 힘에 부치는 강행군은 매일 '노력은 힘들고 하기 싫은 것'이라는 이미지를 스스로에게 각인시키는 것이나 다름없다. 하기 싫다는 기분이 누적되어가는 사이, 점점 노력을 싫어하게 되고 결국에는 포기하게 되는 지경에 이르게 된다.

🔍 불완전을 추구할 때 더 쉽게 성공한다

완벽주의는 타고나는 성격이기에 그리 쉽게 바꿀 수 없다. 다만 자신이 완벽주의 성향에 가깝다면, '무엇이든 완벽한 것이 제일'이라는 고집만은 버릴 필요가 있다. 실제로 노력을 지속할 수 있는가 하는 점에 한정해 말하자면, 완벽을 지향하면서 지속되지 못하는 노력은 어설프지만 지속되는 노력보다 못하기 때문이다. 노력은 불완전하고 어설픈 것이 제일이다.

앞에서도 말했듯이 아무리 필사적으로 노력한다고 해도 뇌는 한 번 공부하고 끝낸 것은 기억하지 못한다. 내가 아무리 완벽하게 해냈다고 생각해도 뇌가 그것을 전부 소화하지 못하는 것이다. 이러한 이유로 완벽한 경지에 도달하고자 하는 노력은 의미가 없다.

공부를 할 때도 80%만 이해하면 충분하다. 매번 100점을 노릴 필요는 없다. 어떤 일이든 80% 수준으로 해내려고 하면 기분 좋은 속도감을 즐길 수 있지만, 마지막 20%까지 완벽하게 채우려고 하면 상당한 시간이 소요된다. 그래서 완벽주의자는 일의 효율의 떨어지며, 오히려 조금 엉성해도 신경 쓰지 않는 대신 일처리가 빠른 사람 쪽이 쉽게 성과를 올리는 경향이 있다.

🔍 실천의 기회를 만들어 실력을 키운다

대게 완벽주의자는 '한번 해볼까'라는 식의 발상을 쉽게 떠올리지 못한다. 이들은 영어 회화를 잘하고 싶은 마음이 있어도 자신의 영어 실력이 완벽하지 않다는 생각에 남들 앞에서 입을 떼지 않는다. 그러나 앞에서 설명했듯이 어떤 일이든 반복해서 실행에 옮기지 않는 한 그것을 완전히 내 것으로 만들 수 없다.

나는 실패자로 낙인찍힌 상태에서 책에서 읽은 내용과 주위 사람들의 조언에 힘입어 인생을 바꿀 수 있었다. 그래서 나 역시 책을 집필하거나 강연을 해서 내가 배운 내용을 많은 사람들과 공유하고 이로써 다른 사람들에게 도움을 주고 싶다는 생각을 항상 품고 있었다. 그런데 모순되게도 나는 극도로 낯을 가리는 성격이라 처음 만나는 사람과 이야기하는 것이 힘들었다. 이러한 이유로 나는 강의를 하게 된다면 완벽하게 대본을 써서 그것을 달달 외우는 것이 방법이라고 생각했다. 그렇게 하지 않으면 사람들 앞에 나서서 이야기하는 것이 절대 불가능할 거라고 여겼던 것이다.

그러던 어느 날, 강연 의뢰가 들어왔다. 일단 큰마음 먹고 한번 도전해보기로 했다. 나름대로 성의를 다해 준비해서 강연을 했지만, 남들이 보기에는 엉망진창이었을 것이다. 그럼에도 불구하고 신기할 정도로 가슴이 벅찼고, 또 해보고 싶다는 생각이 들었다.

2시간 동안 이야기할 내용을 완벽하게 준비할 수는 없다. 실제로 강연을 하다 보면 반응이 좋을 것으로 예상한 내용에 청중은 별 반응이 없을 때도 있고, 그다지 비중을 두지 않았던 내용에 호응을 보일 때도 있다. 그렇게 되면 반응이 좋은 내용을 더욱 길게 이야기하고 반응이 없는 내용은 빨리 마무리하게 된다. 실제 해보지 않고는 알 수 없는 것이 많이 있다는 사실을 다시 한 번 실감했다.

🔍 일부러 허술한 나를 연기하라

완벽하지 않아도 괜찮으니 목표에 도움이 되는 도전 과제를 실행에 옮겨보자. 영어 회화에 숙달되는 것이 목표라면 원어민과 영어로 대화를 나누고, 소설이나 논문을 쓰고 있다면 다른 사람들에게 보여주거나 공모전에 응모해서 피드백을 받고, 하고 있는 운동이 있다면 실제로 대회에 참가하는 것이다. 다른 사람들의 눈앞에 드러나도록 실행에 옮기면 혼자 노력할 때와는 차원이 다른 피드백과 동기를 얻을 수 있다.

완벽주의가 나쁜 것만은 아니다. 완벽주의자가 가진 고집스러운 장인정신이 꼭 필요한 직업 또는 상황도 분명히 있다.

완벽주의를 간단히 떨쳐버릴 수 있는 것도 아니다. 다만, 때로는 자신의 허술한 면도 받아들일 수 있도록 노력해보라. 혼자 노력하는 시간에는 '지금부터 2시간 동안은 허술해도 괜찮아'라고 마음먹고 일부러 평소 기준에 못 미치는 성과를 허용하는 등의 방법을 시도하는 것도 꽤 효과가 있을 것이다.

POINT

독학 시간에는 허술한 나를 드러내라.

03

양질전환을
노려라

사람은 무엇을 목적으로 계속해서 노력하는 것일까? 이를 곰곰이 생각해보면 결국 성과를 내기 위해서라는 결론에 이르게 된다. 공부의 목적은 지식을 쌓는 것 자체가 아니다. 내 안에 쌓아올린 지식을 다양한 경로를 통해 성과로 연계하고 시험 혹은 발표 같은 현실적인 과제에서 만족할 만한 결과를 얻는 것이 최종 목표이다.

이 책에서는 최종 목표를 분명하게 설정하고 거기에 초점을 맞추어 노력하라고 반복해서 강조했다. 노력 과정에서 실행에 옮기는 기회를 많이 만드는 것이 바람직하다고도 했다. 이는 최종 목표가 실행 자체이며, 실행을 반복함으로써 '양질전환良

質轉換'을 꾀할 수 있기 때문이다. 여기서 말하는 양질전환이란 많은 양의 과제를 소화해냄으로써 질을 향상시키는 것을 뜻한다.

충분한 양의 과제를 소화함으로써 질이 향상되는 현상은 노력의 방향성만 잘못되지 않았다면 어떤 일에서든 나타난다. 노력을 할 때 너무 열심히 하기보다는 허술하게, 편하게, 즐겁게 하는 편이 좋은 이유도 그 때문이다. 편하고 즐거운 방법을 사용해서 일단 노력을 오래 유지하는 것이 중요하다.

🔍 힘든 것은 하지 않고, 편한 것을 오래 한다

양질전환의 효과 중 하나는, 의식적으로 하던 노력을 무의식적으로 지속할 수 있게 된다는 점이다.

앞에서 나는 단기간에 영어 어휘의 양을 5,000단어 늘렸다고 말했다. 이때는 단지 눈으로 봤을 때 의미를 아는 단어의 수를 늘렸을 뿐이다. 보지 않고도 말할 수 있게 되거나 모국어 단어를 보고 영어로 말할 수 있게 되는 수준은 너무 어려우므로 시도도 하지 않았다. 그러나 결과적으로 케임브리지 대학원에 합격할 수 있었던 것은 이렇게 편하게 노력한 덕분이었다.

책을 읽을 때 이해할 수 있는 단어의 양이 늘어나면서 비슷한 단어의 의미를 짐작할 수 있게 되었고 이로써 단어 암기가 점점 쉬워졌다. 보지 않고도 사용할 수 있게 되는 것까지는 의도하지 않았지만, 연관성이 강한 단어는 무의식중에 입에서 튀어나오기도 했다. 전혀 모르는 단어도 철자가 저절로 머릿속에 떠올랐다. 이와 같이 허술한 노력이라도 계속해서 하다 보면 힘들게 머리를 써야 하는 부분이 줄어들게 된다.

'1만 시간의 법칙'이라는 것이 있다. 미국의 저널리스트 말콤 글래드웰Malcolm Gladwell이 소개한 법칙인데, 어떤 분야에서든 천재라고 불릴 정도로 세계적인 수준에 도달한 사람은 연습량 같은 노력의 시간이 다른 사람에 비해 월등히 길고, 그 시간이 거의 1만 시간에 육박한다는 것이다. 즉 유독 뛰어난 사람들에게서 공통적으로 나타나는 특징은 목표에 접근하는 방식이 아니라 '투자한 시간의 양'인 것이다. 지속하는 것 자체가 얼마나 중요한지를 실감할 수 있는 이야기다.

🔎 필요한 양을 채울 때까지 계속한다

최종 목표가 언제나 '실행'이라는 점을 생각하면, 실제로 행동에 옮기는 시간을 늘려서 양질전환을 꾀하는 것이 얼마나 효율적인 노력의 방법인지 알 수 있다.

영어 회화를 잘하고 싶다면 실제로 영어로 대화를 나누는 시간을 늘리는 것이 목표 달성으로 가는 지름길이다. 꾸준히 영어로 이야기하다 보면 처음에는 모국어 문장을 먼저 생각하고 그것을 영어로 전환해서 말하던 것이, 횟수를 거듭하는 사이 간단한 문장은 굳이 생각하지 않아도 그대로 입에서 흘러나오게 된다. 계속 더 많이 반복하면 관계대명사를 사용한 복문처럼 조금 복잡한 문장도 어렵지 않게 말할 수 있다. 실제로 입 밖으로 말해보지 않고 묵묵히 공부만 했다면 이 수준까지 도달하는 데 몇 배의 시간이 더 필요했을 것이다.

목표를 정확하게 겨냥했다면 반복해서 실행하고 꾸준히 경험을 쌓아나가자. 처음에는 서툴러도 괜찮으니 양질전환이 발생할 때까지 몇 번이고 반복하라. 의식하지 않아도 할 수 있게 되는 부분이 늘어나면서 어느 순간, 전에는 생각지도 못했던 높은 수준에 도달해 있는 자신을 발견하게 될 것이다.

POINT
오랫동안 실행을 계속하면 누구나 천재 수준에 도달할 수 있다.

3분간 숨 쉬는 법을
바꿔라

혼자서 노력하는 중 도저히 집중이 되지 않을 때는 숨 쉬는 방법을 바꿔보라. 숨을 쉬는 것이 노력과 무슨 관계가 있는지 의아해할 사람도 있겠지만, 사실 행동을 제어할 때 호흡은 매우 중요한 역할을 한다. 호흡을 가다듬으면 뇌에 산소가 공급되면서 뇌의 움직임이 더욱 활발해진다는 사실은 연구를 통해 밝혀졌다.

호흡법에도 여러 가지 종류가 있지만, 기본은 복식호흡을 통해 숨을 확실하게 들이마시고 천천히 내쉬는 것이다. 복부에 공기를 집어넣는다는 느낌으로 3~5초 정도에 걸쳐 천천히 코로 숨을 들이마시고, 그 2배 정도의 시간(6~10초)에 걸쳐 입으로 천천히 숨을 내쉰다. 이를 몇 번 반복하는 것만으로도 뇌의 긴장을 푸는 데 효과가 있다.

호흡을 가다듬으면 뇌로 공급되는 산소량이 늘어남과 동시에 의식이 호흡에 집중되기 때문에 불필요한 정보와 잡생각을 없앨 수 있다. 인시아드 경영대학원INSEAD의 연구에서도 15분간 호흡에 집중하며 명상을 한 뒤에 의사결정력이 높아졌다는 결과가 나왔다. 선택을 해야 하는 순간 호흡의 힘을 빌리면 냉정한 판단을 내릴 수 있다는 이야기다.

뇌에 산소를 공급한다는 점에서는 걷는 것도 효과가 있다. 단순히 산소 공급 측면에서만이 아니라, 밖에 나가서 산책을 하면 방 안에 틀어박혀 있을 때와는 달리 주위 풍경과 빛, 바람 등을 오감으로 느낄 수 있어 뇌가 다양한 자극을 받게 되며, 뇌의 혈류량도 증가한다. 머리가 잘 돌아가지 않는 것 같을 때 산책을 하고 돌아오면 집중력이 회복되는 것도 이 때문이다.

🔍 마음을 비우는 간단한 방법

내가 호흡의 중요성을 깨닫게 된 건 해외유학을 해야 할지 말지를 두고 고민하던 시기 우연히 접한 경영전문지 덕분이었다. 거기엔 천태종 비구니이자 작가인 세토우치 자쿠초瀬戸内寂聽가 마음을 비우는 것이 얼마나 중요한지에 대해 설명하는 기사가 실려 있었다.

당시 중요한 선택을 앞두고 고민에 고민을 거듭하느라 머리가 복잡했던 나는 '마음을 비운다'라는 말에 굉장히 흥미를 느꼈다. 기사에서 작가는 마음을 비우는 방법 중 하나로 호흡을 가다듬는 것을 소개하고 있었다.

호기심이 생겨 좀 더 읽어보니 상당히 신빙성이 있었다. 알려주는 방법대로 실제로 해보자 확실히 머리가 맑고 깨끗해지는 기분이 들었다. 그날 이후 나는 머리가 복잡해지거나 스스로를 제어할 수 없을 때 호흡을 가다듬으며 뇌를 진정시키고 있다.

🔍 숨 쉬는 것만 바꿔도 뇌가 달라진다

노력을 하다 보면 꼭 해야 한다는 것을 알고 있는데도 도저히 몸이 움직이지 않는 순간이 끊임없이 찾아온다. 그럴 때 자책하는 것이 오히려 역효과를 낸다는 건 지금까지 반복해서 설명해왔다.

이 때는 '내키지 않는 일은 하고 싶지 않다'라는 감정 자체가 사람이라면 당연히 생기게 되는 거란 사실을 받아들이고, 3분 정도 천천히 호흡에만 집중해보자. 점점 뇌가 기력을 되찾아 복잡하던 머릿속이 정리되고 차분해지는 것을 느끼게 될 것이다. 머리가 맑아지면 자신의 목표에 대해 다시 생각해보라. '나는 무엇을 해야 하는가?', '이것을 하지 않으면 어떻게 되는가?', '내일 또 후회하게 되진 않을까?'와 같이 객관적으로 자신의 내면을 들여다보는 것이다.

마음이라는 스펀지에 잡다한 것들이 흡수됐을 때는 한 번 쭉 짜버리는 시간이 필요하다. 이때 호흡을 가다듬거나 잠시 걸으면 쓸데없는 것들이 빠져나가고 새로운 공기가 몸 안으로 들어오는 것 같은 감각을 느낄 수 있다. 이처럼 간단한 방법으로 마음에 다시 시동을 건다면, 또 한 걸음 앞으로 나아갈 동력을 얻을 수 있다.

POINT
뇌는 산소량에 따라 활력을 얻기도 하고 잃기도 한다.

05

전력을
다하지 마라

사람들은 '밤을 새워서라도 최선을 다해 목표를 이루고야 말
겠다'라는 각오로 필사적으로 애쓰는 것이 앞으로 나아가는
데 매우 중요하다고 생각하는 것 같다. 그런데 정말 잠자는 시
간까지 줄이고 아끼며 노력하는 것이 목표 달성에 도움이 되
는 걸까?

원래 인간의 뇌는 자는 시간 동안 그날 있었던 일과 학습한
내용, 입력된 정보 등을 정리한다. 인간의 삶에 있어 수면이 매
우 중요한 역할을 담당하는 것이다.

수면을 통해 사람은 머리와 마음을 가다듬는다. 따라서 만
성적인 수면 부족이 되면 뇌가 제대로 정리되지 않은 상태이

기 때문에 머리가 멍하게 되고 의사결정과 판단에 자신감을 가질 수 없게 된다. 자존감이 낮아지는 원인이 되기도 하는 것이다. 충분한 수면을 취하지 못하면 자신의 컨디션을 조절할 수 없기 때문에 머리와 몸이 무거워지고, 무슨 일에든 '이제 됐어' 하면서 포기하거나 나태해지기 쉽다.

따라서 몇 시간을 들여 소용없는 노력을 하는 것보다 수면 시간을 확보하는 것이 목표 달성에 훨씬 도움이 된다.

🔍 한계 수면 시간을 엄격하게 지켜라

나는 아무리 바쁘더라도 기본적으로 6시간 정도의 수면 시간은 확보하려고 한다. 성적 하위 10%에서 시작한 대학 수험 기간에도 수면 시간만큼은 줄이지 않았다. 나는 밤 12시에 잠자리에 들어 아침 6시에 일어났고, 그 시간부터 학교에 갈 때까지 맑은 정신으로 공부를 하곤 했다. 수면 부족으로 머리가 몽롱한 채 늦은 밤까지 3시간 공부하는 것보다는 아침에 집중해서 1시간 노력하는 편이 더욱 효율적이다.

물론, 집중력을 발휘할 수 있는 시간대는 사람에 따라 차이가 있다. 일반적으로 밤에 뇌의 에너지가 고갈되는 경향이 있는 것은 사실이지만, 지금까지의 생활 습관 때문에 아침에 머리가 멍하다는 사람도 있을 것이다. 따라서 자신이 가장 집중할 수 있는 시간대가 밤이라면 그 시간을 활용해도 좋다. 다만, 이 경우 반드시 한계 수면 시간을 설정한 후 수면 시간도 일정에 포함시켜 엄격하게 지키도록 하자.

🔍 휴식을 동기 부여의 기회로 삼는다

목표를 향해 노력하는 동안에는 한시라도 쉬어서는 안 된다고 생각하는 사람을 자주 본다. 하지만 계속해서 열심히 노력하려면 적절한 휴식 시간을 갖는 것도 중요하다.

오랜 시간에 걸쳐 노력을 유지하려면 노력과 휴식 사이의 균형이 필요하다. 인간의 집중력과 에너지에는 한계가 있기 때문이다. 눈앞의 것을 얻기에 급급한 나머지 매 순간 온 힘을 쏟아 부으면 한 순간에 에너지가 완전히 고갈돼 노력을 지속할 수 없게 된다.

그러니 정기적으로 '노는 것'도 하나의 일정으로 삼아 미리 계획을 세워라. 미리 계획에 넣어두면 일정이 흐트러져 초조해질 일도 없다. 친구를 만나 함께 밥을 먹는 약속도 좋다. 겸

사겸사 내가 지금 하고 있는 일이나 목표에 대해서 이야기하면 목표 달성에도 도움이 된다. 목표는 의식할수록 달성하고 싶다는 의욕이 강해지기 때문에 혼자서 마음속으로만 생각하는 것보다 남들에게 이야기하면 더욱 강력한 동기가 솟아오른다.

좋아하는 영화나 소설을 한 편 보는 것도 괜찮다. 주인공이 목표를 달성하는 내용이라면 긴장을 풀고 즐기면서도 더욱 의욕을 불태울 수 있을 것이다.

무리해서 노력하면 그만큼 손해다

일본인들은 대개 노력을 할 때는 무리를 해서라도 온 힘을 쏟아 부어야 한다고 생각한다. 그런 필사의 노력이 있어야만 큰 성과를 거둘 수 있다는 사고방식이 내면 깊이 뿌리박혀 있는 것이다. 그런데 서양에서는 오히려 반대이다. 학생이든 회사원이든 충분한 휴식을 취하고 있는지를 자주 확인한다. 재충전과 기술 연마를 위한 '안식년sabbatical'이라는 장기 휴가제도 역시 당연하게 인식된다.

케임브리지 대학원에 입학하던 해 나의 지도교수는 신경심리학 교수님이었는데, 그는 수면과 휴식이 부족한 상태에서는 인간의 동기가 길게 유지되지 못한다는 사실을 학생들에게 늘 강조했다.

공부하는 학생뿐 아니라 운동선수들에게도 마찬가지다. 서양인들은 선수가 최고의 기량을 보이려면 충분히 쉬어야 한다고 생각한다. 필요한 만큼의 휴식을 취해야만 한정된 시간 안에 집중해서 힘을 낼 수 있다고 믿는 것이다.

목표를 향해 노력하다 보면 얼마나 많이 노력했는가에 비례해서 좋은 결과가 나온다고 착각하기 쉽다. 그러나 어떤 분야에서든 힘에 부치는 상황에서 억지로 끌어온 노력은 성과로 이어지지 않는다. 충분히 휴식을 취하면서 집중력을 발휘해 지속적으로 노력했을 때 당신이 바라던 성과를 얻을 수 있을 것이다.

POINT
수면과 휴식을 위한 시간도 미리 계획을 세워 일정에 넣어둔다.

노력할 줄 아는 사람의 7가지 법칙

학원이나 대학에서 학생들을 지도해오며 나는 큰 목표를 품은 사람들을 다수 만나왔다. 쉽게 노력을 지속해서 성과를 거두는 사람이 있는가 하면, 온갖 방법을 동원해도 좀처럼 노력하지 못하는 사람도 있었다.

그중 마지막까지 포기하지 않고 원대한 목표를 성취해내는 사람들에겐 마음가짐이나 목표를 대하는 자세에 몇 가지 공통점이 있었다. 그렇게 발견한 공통점 외에도 세간에서 성공했다고 평가받는 이들의 노력 과정을 연구한 결과, 나는 노력을 지속시킬 수 있는 방법과 마음가짐에 대해 다음 7가지를 도출해낼 수 있었다.

도저히 노력을 지속할 수 없어서 한탄하던 사람이라고 해도 여기까지 책을 읽었다면 의식에 변화가 생기기 시작했으리라 믿는다. 이제 마지막으로 한 번 더 다짐하는 의미에서 다음의 방법들을 알려주고자 한다. 좌절감이 들거나 망설이게 될 때, 이 7가지 방법을 염두에 두고 다시 한 번 마음을 다잡아보길 바란다.

🔎 첫째, 저항을 추진력으로 바꾼다

노력을 지속할 수 있는가 아니면 도중에 포기할 것인가 바꿔 말해 에너지가 계속 남아 있는가 아님 고갈되었는가와 같은 문제다. 스스로 에너지를 만들어낼 수 있는 사람만이 결과적으로 노력을 지속해 성과를 낼 수 있다. 큰 성공을 거둔 사람일수록 반골정신, 헝그리 정신 역시 강하게 품고 있는 경우가 대부분이다.

무언가를 달성하고자 노력하다 보면 반드시 부정적인 일을 겪게 된다. 좌절을 거듭하다가 결국 자기혐오에 빠지게 되거나 주위 사람들로부터 부정당하게 되는 등 일종의 방해 요인이 발생하는 것이다.

이는 어쩔 수 없는 일이다. 어찌할 도리가 없다. 중요한 건 그런 일이 일어났다는 것 자체에 연연하는 것이 아니라, 그렇다면 이제 어떻게 할 것인가를 생각하는 것이다. 목표 달성에 방해가 되는 사건을 어떻게 에너지로 바꿀 수 있을지 생각해서 다음 단계로 도약할 것인지, 아니면 그 자리에 멈추어버릴 것인지에 성공 여부가 달렸다.

미국의 예술가 마야 린Maya Lin은 다음과 같이 말했다.

"날기 위해서는 저항이 있어야 한다."

나 역시 항상 이렇게 생각한다. 노력하는 과정에서 겪게 되는 저항은 목적지까지 쉬지 않고 날아가는 데 반드시 필요한 에너지원이다. 이상하게도 인간은 저항이 전혀 없는 평온 상태에서는 힘을 낼 수 없다.

실패, 비난, 갖가지 저항이 오히려 내게 필요한 요소라고 생각하고 받아들여라. 만약 저항이 느껴지지 않는 상황이라면 더 높은 목표를 달성하겠다고 선언하는 등 무거운 과업을 부여해 스스로 저항을 만들어내는 것도 방법이다.

🔍 둘째, 의심하기보다 일단 시도한다

어떤 노력이든 그것이 반드시 성공하리라는 보장은 없다. 100%의 성공을 보장하는 방법은 존재하지 않는 것이다. 그렇다고 무엇을 하든 정말 잘될까 반신반의하다 보면 노력에 탄력이 붙지 않는다.

세상 대부분의 일이 잘될 거라는 보증은 없다. 하지만 아이스하키의 신이라고 불리는 웨인 그레츠키Wayne Gretzky는 이렇게 말했다. "치지 않은 샷은 100% 들어가지 않는다." 골대에 공이 들어가게 하는 샷이 있는가 하면 빗맞히는 샷도 있게 마련이다. 그러나 샷을 치지 않았는데 공이 들어갈 리는 없다. 일단은 해보는 수밖에 없다. 확실한 건 도전하지 않으면 아무것도 시작되지 않는다는 것이다.

성공하는 사람의 특징 중 하나는 행동이 빠르다는 것이다. 학생들 중에도 결과적으로 일이 잘 풀리는 이를 잘 살펴보면, 이들은 기회만 보이면 곧바로 행동으로 옮긴다는 공통점이 있다. 단기 유학 기회가 있다는 공고가 뜨면 그들은 즉시 스스로 자료를 찾아와 등록하는데, 오히려 제대로 심사숙고한 것이 맞나 걱정이 될 정도로 빠르게 행동한다. 물론 그만큼 실패도 하지만, 그들은 그것마저도 귀중한 경험으로 받아들이고 몇 번이든 기회가 있을 때마다 성과를 얻기 위해 달려든다.

🔍 셋째, 다른 사람의 도움을 받는 것을 주저하지 않는다

지속적으로 노력하는 사람은 자신의 목표를 많은 사람에게 소문내는 경향이 있다. 나에게 어떤 목표가 있고 그래서 어떤 노력을 하고 있는지를 입 밖으로 내 널리 알리는 것이다. 그들은 어떤 장애물에 부딪혀 지금 어느 부분에서 난항을 겪고 있는지도 적나라하게 털어놓는다.

이것은 스스로에게 압박감을 주는 효과도 있지만, 무엇보다 주위 사람들로부터 도움과 응원을 얻기 쉬워진다는 장점이 있다. 직접적으로 도움이 되지 않는 응원이 무슨 대단한 효과가 있느냐고 물을지도 모르겠지만, 오직 한 사람의 동기만으로 목표를 달성하는 것은 쉬운 일이 아니다. 할 수 있는 모든 방법을 동원해서 동기를 뒷받침하지 않으면 큰 목표를 달성하는 것이 불가능하다.

가능한 한 솔직하게 내 실상을 드러낼수록 다른 사람의 협력을 얻기 쉽다. 사람은 자기가 공감하는 일에는 협력하게 마련이기 때문이다.

🔎 넷째, 세상에 어떻게 공헌할 것인지 생각한다

사리사욕으로 가득한 노력은 지속되기 어렵다. 나의 목표가 궁극적으로 세상에 어떻게 도움이 될 수 있을지를 생각해보자. 내가 목표를 위해 노력할 때 내가 속한 집단이나 더 나아가 세상이 어떤 긍정적인 영향을 받을 수 있을지 생각하면 노력할 때 전력을 다하게 된다.

또한 다른 사람들을 위한다는 명분을 가진 목표라면 일단 주위로부터 응원을 받기 쉽다. 주위 사람들의 협력을 받아 계획을 추진할 수 있다면 혼자의 힘으로는 불가능한 원대한 목표도 현실로 만들 수 있다.

🔎 다섯째, 시점을 자유롭게 전환한다

시점을 자유자재로 전환할 수 있다면 노력을 지속하기가 훨씬 편해진다. 도저히 노력할 마음이 들지 않는 순간, 시점을 완전히 뒤집어서 의욕을 잃고 나태해지려고 하는 자신의 모습을 객관적으로 바라보라. 그렇게 하면 상황에 맞추어 동기를 강화할 수 있는 다양한 대책을 적절하게 사용할 수 있을 것이다.

노력을 지속해나가는 사람은 괴로워하는 자신의 모습을 냉정하게 바라보는 경향이 있다.

앞서 노력을 하다가 장애물에 부딪히면 거꾸로 그것을 에너지원으로 삼아 노력하라고 했는데, 저항을 에너지로 인식한다는 점에서 이것 또한 시점의 전환과 상통한다.

여섯째, 현실을 직시한다

목표를 달성한 내 모습을 상상하는 것은 즐겁다. 반면 목표에 도달하기까지 아직도 아득한 거리가 남아 있는 현실을 보면 기분이 착잡해진다. 장래의 모습을 떠올리는 것도 중요하지만, 현실을 직시하는 강인함 없이는 목표에 도달할 수 없다. 목표를 보며 현재 나의 위치를 직시하고 그 격차를 좁히기 위한 행동을 철저하게 계획해서 완수해나가야 한다.

학생들을 가르쳐오면서 알게 된 것은, 꾸준히 노력하는 이들일수록 항상 아직도 멀었다는 의식을 갖고 있다는 것이다. 그들은 자신의 실력을 정확하게 파악하고 있기 때문에 목표와 현실의 격차를 생각할 때 노력을 게을리할 수 없었다.

현실을 직시할 수 있는 강인함이 없다면, 모의시험 같은 중간 단계의 평가에서 우연히 좋은 결과를 받게 되면 방심하고 지금까지 노력해온 흐름을 무너뜨리기 쉽다. 따라서 이를 더욱 주의해야 한다.

🔍 일곱째, 변화를 의연하게 받아들인다

순조롭게 노력해오던 사람이 갑자기 좌절을 겪는 이유 중하나는, 주위 환경의 변화이다. 어느 정도의 환경에서는 동기를 유지할 수 있었지만 그 이상의 외적인 변화가 생기면 뿌리째 흔들리고 마는 것이다. 이유도 다양하다. 일이 갑자기 바빠져서, 아기가 생기는 바람에, 이웃집의 공사 소음이 너무 심해서, 집중하기 좋았던 카페가 문을 닫아서……. 내가 가르치던 학생들 중에는 그들이 입시를 치르는 해부터 갑자기 과목별 배점이 바뀌어버린 경우도 있었다.

이렇게 되면 당연히 의욕이 바닥까지 떨어진다. 하지만 그 상황을 극복하고 다시 일어설 수 있느냐 없느냐가 성공하는 사람과 실패하는 사람의 운명을 가른다.

목표를 향해 노력하는 중에는 항상 회피하고 싶은 마음이 공존한다. 따라서 작은 변화라도 나타나면 바로 이를 핑계로 삼아 어쩔 수 없었다며 포기하고 싶어지는 것이다. 그러나 이런 변화는 누구에게나 반드시 일어난다는 점을 상기하라. 일정 기간에 걸쳐 계속 노력하는 동안 주위에 아무런 변화도 생기지 않는 것이 오히려 일어나기 힘든 일이다.

노력을 지속하는 사람은 어떤 변화가 생기더라도 계획을 다시 세우고 대처하는 데 필요한 시간을 따로 마련하는 등 궤도를 수정해 다시 전진한다. 귀찮은 과정이기는 하지만, 이 역시 노력의 일부다.

내 힘으로 바꿀 수 없는 일이라면 고민할 필요도, 거기에 집착할 필요도 없다. 그것이야말로 어쩔 수 없는 일이다. 하지만 내 힘으로 바꿀 수 있는 것은 내가 선택하기 나름이다. 나의 제어 범위 밖의 일로 초조해할 필요는 없다. '한다'와 '하지 않는다' 이 2가지 선택지 중 하나는 얼마든지 내가 결정할 수 있다.

POINT

변화가 생기더라도 마음의 준비를 해두면 좌절하지 않는다.

5장 요약

- 현실적으로 목표로 삼을 만한 사람이 노력한 과정을 찾아본다.
- 완벽주의를 멀리하고 허술한 나의 모습을 받아들인다.
- 시간만 투자하면 터무니없어 보였던 높은 목표에도 도달할 수 있다.
- 뇌에 산소를 공급해 최고의 컨디션을 유지한다.
- 정기적으로 휴식을 취해 장기간 동기를 유지한다.
- 노력을 방해하는 요인을 나를 향상시키는 부력으로 삼는다.
- 주위 환경에 변화가 생겨도 동요하지 않고 내가 할 수 있는 일을 꾸준히 지속한다.

몰두할 수 있다면
노력할 수 있다!

얼마 전 옥스퍼드 대학교의 부총장이자 행동뇌과학을 연구하고 있는 닉 롤린스Nick Rawlins 교수와 이야기할 기회가 있었다. 모처럼의 기회인만큼 나는 그에게 행동뇌과학의 시점에서 봤을 때 노력을 쉽게 지속시킬 수 있는 방법에는 어떤 것이 있는지 물었다.

롤린스 교수는 아주 간단하면서도 명료하게, '매료fascination'가 열쇠라고 답변했다. 노력하고자 하는 목표에 매료되어 정신없이 몰두하는 것이 중요하다는 뜻이었다. 내가 완전히 푹 빠질 수 있는 대상을 만날 수만 있다면 노력이 저절로 이어진다는 것이다.

어떻게 하면 노력이 자연스럽게 지속될 수 있는 몰두할 대상을 찾을 수 있을까? 가장 쉬운 것은 적극적으로 사회와 접촉하는 과정에서 발견하는 것이다. 자극이 되는 사람을 만나거나 이제까지 가지고 있던 상식을 뒤집어버리는 무언가를 접하게 되면 마음을 빼앗겨 나도 모르는 사이에 저절로 노력하게 된다.

몰두할 수 있을 만한 대상을 아직 발견하지 못했다면 행동 반경을 바꿔볼 것을 권한다. 유명 크리에이터 다카시로 쓰요시高城剛는 이렇게 말했다.

"아이디어는 이동 거리에 비례한다."

그의 말처럼 움직임의 폭을 넓히면 더욱 다양한 사람과 물건, 사상을 만날 수 있는 기회가 늘어난다.

익숙한 현재의 환경을 박차고 새로운 어딘가로 떠나는 것은 두려운 일일 수밖에 없다. 나도 케임브리지 대학원으로 유학을 떠나기 전 불안에 떨었다. 그러나 나 자신을 바꾸고 싶다는 일념으로 일본을 떠나온 덕분에 다양한 사람들을 만날 수 있었고, 아무것도 할 생각이 없었던 예전의 나로서는 상상할 수도 없는 시간을 경험할 수 있었다.

'열중할 만한 것이 딱히 없는데'라고 생각하고 있는 사람이라면 꼭 결의의 한 걸음을 내딛어 미지의 세계 속으로 뛰어들어보기 바란다. 분명 무언가를 발견할 수 있을 것이다.

목표를 향해 노력하다 보면 순조로운 순간은 물론 어려운 순간도 맞이하게 된다. 그러나 기억해두었으면 하는 것은 성공의 반대말이 '실패'가 아니라는 사실이다. 실패와 좌절은 목표를 달성하는 과정에서 거쳐가야 하는 단계로, 성공에 반드시 필요한 구성 요소다. 내가 생각하는 성공의 반대말은 '도전하지 않는 것'이다.

목표를 향해 나아가다가 막다른 길에 이른 것처럼 느껴질 때면 나는 셰익스피어 작품의 한 구절을 떠올리곤 한다.

"세계는 무대이고 모든 인간은 자기 배역을 연기하는 배우에 불과하다."

이 구절을 떠올리면 나의 인생이 한 편의 연극과 흡사하다는 생각이 든다. 나는 이 무대에 막이 내려지기 전까지 어떤 이야기를 보여줄 수 있을까? 소설이나 영화에서 주인공은 언제나 파란만장한 성공담을 펼쳐놓는다. 그렇기 때문에 관객들에게 더 큰 감동을 선사한다. 이렇게 생각하면 막다른 길에 부딪

혔을 때도 지금이야말로 내 실력을 제대로 보여줄 때라고 생각하며 힘을 낼 수 있다.

당신도 실패를 두려워하지 말고 꼭 도전하기 바란다. 마지막으로 이 책을 출판하기까지 많은 도움을 준 출판사 여러분과 가족에게 감사한다. 여기까지 함께해준 독자 여러분께 감사의 말씀을 전하고 싶다.

쓰카모토 료

저절로
공부가
된다

2016년 7월 15일 초판 1쇄 인쇄
2016년 7월 20일 초판 1쇄 발행

지은이 | 쓰카모토 료
옮긴이 | 윤은혜
발행인 | 이원주
책임편집 | 박나미
책임마케팅 | 조아라

발행처 | (주)시공사
출판등록 | 1989년 5월 10일(제3-248호)
브랜드 | 알키

주소 | 서울시 서초구 사임당로 82(우편번호 06641)
전화 | 편집(02)2046-2896 · 마케팅(02)2046-2883
팩스 | 편집 · 마케팅(02)585-1755
홈페이지 | www.sigongsa.com

ISBN 978-89-527-7659-4   03320